三浦一成
MIURA
ISSEI

ビルオーナーのための バリューアップ ビル改修

幻冬舎 MC

ビルオーナーのための
バリューアップビル改修

はじめに

ビルも人と同じように、歳月を重ねると老いていきます。

ビルオーナーとしてはビルの老朽化による価値の低下は無視できない問題です。見た目はもちろん、構造や設備の面で「古臭い」と感じるビルではテナントの借り手が見つかりにくくなり、家賃を下げることも検討しなければならなくなります。借り手がいないからといって手入れをせず放置すれば、さらに老朽化が進み、ますます借り手がつかないうえに、維持費用はかさむばかりという悪循環に陥ります。

とはいえ改修費用は決して安くはありませんし、期間中ビルの稼働を停止する場合は収益も減少します。コストに見合った効果がなければ改修のしがいがありません。

ビル改修においては、ただ老朽化に対応するだけの「マイナスをゼロにする」工事ではなく、明確な価値向上を見据えて「マイナスをプラスに変える」工事を行うべきです。

私は、多くの大規模修繕工事やビル改修工事を手掛け、また工事だけでなくコンサルティング、内外装のデザイン、設計などを一括して請け負うスタイルで実績を積んできました。単に建物の劣化した部分を修理して新築の状態に近づけることを目指すのではなく、マーケティングリサーチを行い、改修によって付加価値を高める提案を行っています。

ビルはただ一個の建物として単独で存在するのではなく、街の一部として周囲との関わりのなかで価値をもつものです。したがって、ビルの価値を高めたいと思えば、まず、ビルのある街、地域、商圏を把握し、ニーズを掘り起こして、それに応えるものにしていかなければなりません。

これが私の実践してきた「マーケティングによるバリューアップビル改修」の考え方です。ビルが老朽化すれば、いずれ改修は必要です。改修に同じお金をかけるなら、しっかりとマーケティングを行い、競合との差別化を図って求められるビルの姿に変身させるのがベストです。商圏の事情や世間のニーズは移り変わるので、老朽化に合わせた改修はむしろステップアップのための絶好のタイミングだといえます。

改修後のビルを必要とする顧客をターゲットにリサーチを重ねて分析し、そのうえでエントランスや外壁などの外観を変えたり内装をリニューアルしたりしていくことで、入居率を上げ、借り手から選ばれるビル運営につなげることができます。

本書では改修工事についての基本的な考え方から、具体的な工事の内容とそのチェックポイントまで分かりやすく説明します。そのうえで業者の選び方や工事の適正価格の目安なども併せて、費用対効果の高いビル改修のノウハウを解説します。

見た目に美しく、安全で、活気のあるビルは地域のシンボルとなる素敵な存在です。そんなビル運営をより長く続けられ、資産価値をさらに向上させるためのヒントとなれば幸いです。

目次

第2章

エントランス改装、外壁工事、内装のリニューアル 資産価値を新築時よりも高くする バリューアップビル改修

第3章

テナントのニーズを把握して、競合ビルとの差別化を図るバリューアップビル改修に必要なマーケティングリサーチ

第4章

“不要な工事”で余計な費用をかけない！ ビル改修の資金計画とコストカットのポイント

第5章

改修後のアフターメンテナンスは不可欠
ビル改修後も資産価値を長く維持するために

第1章

建物の老朽化が進み
空室が増えていく――
資産価値が下がり続けるビルに
悩まされるオーナーたち

コロナ禍と大規模オフィス開発で選ばれなくなるビル

コロナ禍をきっかけにオフィスビルの空室率は上昇が続いています。都内中心部では2023年8月時点で6・4%に達し10年ぶりの高水準となりました。供給過剰の目安とされる5%を31カ月連続で上回ったことになります。もちろん空室が増えるとその分の家賃収入が減り、収益の低下に直結するため、多くのビルオーナーの頭を悩ませる状況となっています。

空室が増えている背景には、リモート勤務の急速な普及が要因の一つとして挙げられます。コロナ禍以降少し割合は下がったものの、依然として多くの企業がリモート勤務を実施しており、コロナ禍前後で人々の働き方は確実に変化しました。出社とリモート勤務を組み合わせ、社員全員を毎日出社させないようにしている企業も少なくなく、それに伴いそれぞれの席をフリーアドレス化しデスク数を減らすなど、オフィスの規模縮小が進んでいます。また、都心にオフィスを構えている多くの外資系企業が、コロナ禍以降リモート勤務を増やしオフィス規模の縮小を進めていることも、空室が増えている要因の一つとなっています。

一方で、都心では多くの開発プロジェクトが並行して進んでいます。麻布台ヒルズなど大手不動産会社による大規模なオフィスの新規供給の動きも相次いでおり、このような動きは既存の中小ビルの需要を奪うことにもつながっています。

空室率の上昇傾向は、東京都心だけにとどまりません。名古屋のオフィスビルの空室率も供給過剰の目安を超える５・５％に達しました。仙台や福岡でも５％を超える高水準となっています。空室率が上昇したためテナントを確保しようと家賃を値下げする動きも出てきており、中小オフィスの多い東京の品川・港南エリアの２０２３年４～６月の平均家賃は２０２０年に比べて約３割も下がっています。

オフィスの空室が増え供給過剰となれば、平均家賃が下がる傾向にあるため、借り手側に優位な状況となります。都心の開発プロジェクトによる大規模オフィスが新しく供給される機運の高まりも相まって、一度都心からオフィスを地方に動かしたり、本社ビルをなくしたりしていた企業が、再び都心にオフィスを構える動きも出てきました。ザイマックス総研が調査した東京都23区内での企業の移転決定件数は、新型コロナ感染症流行時には3カ月当たり170件ほどに落ち込んでいましたが、2021年の第1四半期（1～3月）以降は、3カ月当たり300件前後に増加しており、今後も一定のテナント入居の需要は見込まれます。

オフィス供給過多が続く状況は、物件の選択肢も増え、相場より安い家賃で借りられる可能性が高まることから借り手にとってはメリットだらけといえます。しかし当然、貸し手側にとってみれば選ばれるための競争が激しくなるということです。都心の再開発で建設された最新のオフィスビルは、環境に配慮した高効率の照明・空調システムや、強固なセキュリティシステムが導入され、耐震性にも優れている高機能な造りで、さらに最新ITやDXにも対応しています。このような新築物件が増えていけば、既存の老朽化が進んでいるビルが選ばれる確率が低くなるのは目に見えています。さらに家賃の値下げ競争も始まれば太刀打ちできなくなってしまいます。

都内に増え続ける老朽化したビル

私は都内で創業以来37年にわたりビルの修繕や改修に携わってきました。古くから付き合いのある取引先のなかには、老朽化の課題に直面するビルのオーナーも多くいます。コロナ禍以降、こうしたビルのオーナーから「空室が増えて収益が下がった。どのように修繕や改修をすればビルの資産価値が上がり、テナントに入居してもらえるか」という相談を受けることが増えています。

実際に都内では老朽化したビルが増えています。２０２３年のザイマックス総研の研究調査によれば、東京23区全体の９４００棟の平均築年数は33・４年で多くのビル

東京23区内中小規模のオフィスビルの築年ごとの賃貸棟数（延床300～5000坪）

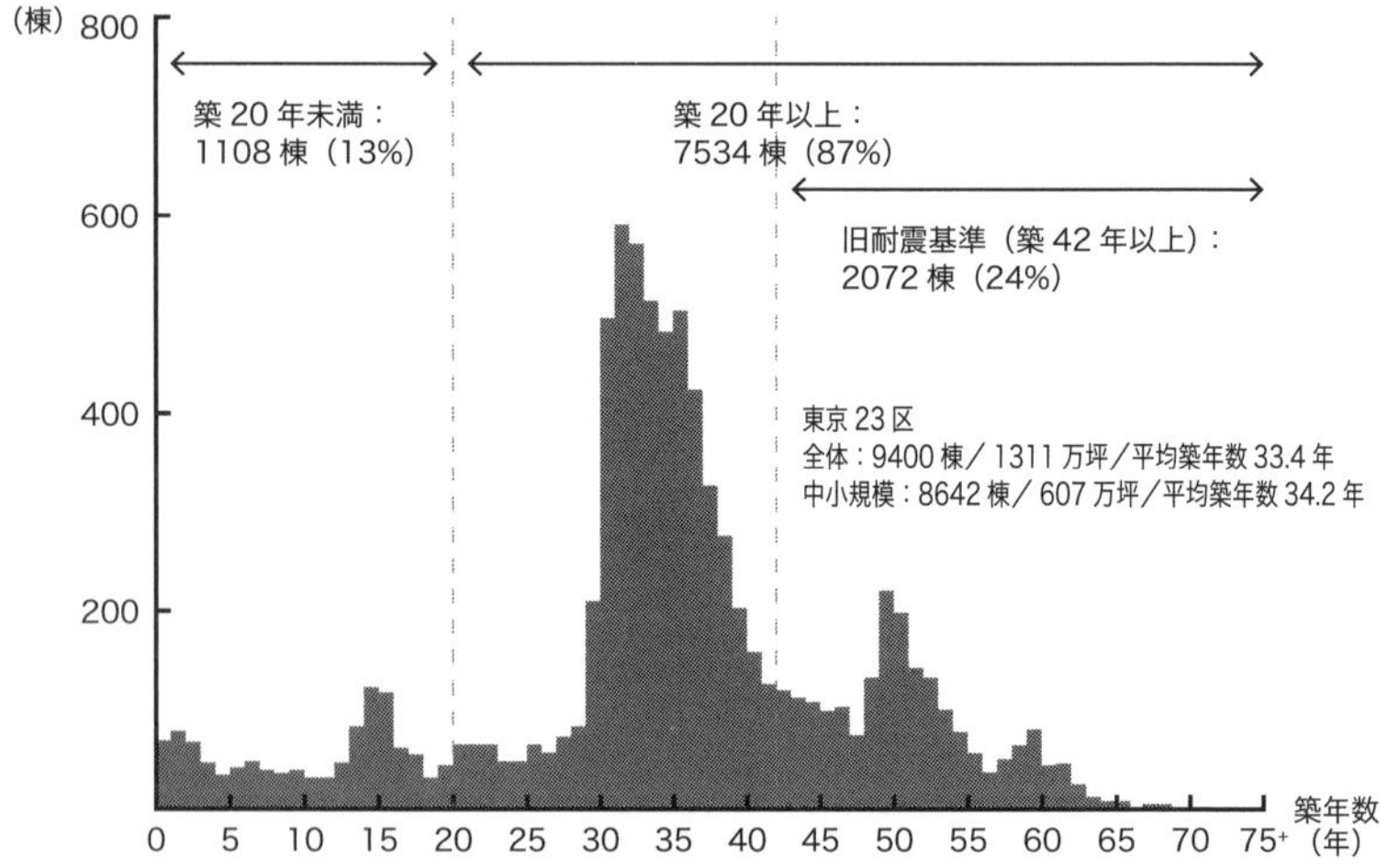

ザイマックス不動産総合研究所「オフィスピラミッド2023」を基に作成

が築30年から40年を経過しています。なかでも8642棟ある中小規模のビルにおいては、87%の7534棟が築20年を経過しているのです。

築年数が浅く最新の設備を備えているビルに負けないよう、いかにビルの魅力を高めて借り手に選んでもらうかを考えることが、オーナーにとって最も重要な課題であることは言うまでもありません。

老朽化したビルを直すだけでは抜け出せない負のスパイラル

老朽化によりテナントが退去し、新しい入居もないとなれば空室が増え、その分の家賃収入が減ることになります。すると修繕のためのコストが重荷となり、放置しているうちにビルはますます劣化し続けていきます。また、既存のテナントにおいては、古くなった設備の交換を求める声が出てくることもあります。そうした要望に応えられなければテナントの不満はどんどん高まり、最終的に家賃を値下げしてテナントの理解を得るような事態になる場合もあります。テナントの要望に応えられず、テナントが退去する結果となればさらに収益が悪化してしまうという悪循環に陥ってしまいます。

一方で、テナントから苦情が出たからといって、その場しのぎで予算を抑えながら補修を重ねてもそれは単に不具合を改善しているだけであり、老朽化したビルの価値が上がるわけではありません。古いままの外壁や水回りなど、放置されている部分が補修した部分と比べ余計に目立って見えてしまい、オフィスの内見に来た入居希望者に悪い印象を与えかねません。そうなれば結局は入居に至らず、空室率も改善しません。

こうした負のスパイラルから抜け出し、ビルの収益を増やしていくようにするためには長期的な視点に立ち、テナント入居を促進するビル全体のバリューアップが必要です。しかし、老朽化したビルをただ直すだけの工事をしてしまうことで、ビルの価値をうまく上げられず入居率が上がらない、あるいは改修コストに見合った効果が出せないのではないかと危惧し、改修になかなか踏み出せずに悩むビルオーナーが大勢います。

第2章

エントランス改装、外壁工事、
内装のリニューアル
資産価値を新築時よりも
高くするバリューアップビル改修

マイナスをプラスに大きく転換する、バリューアップビル改修

老朽化したビルは放置すれば価値はどんどん下がり、収益も下がっていきます。また、部分的な修繕を繰り返してもビル全体の価値を上げることにはなりません。

中小規模のビルオーナーで、老朽化や収益の低下に悩む人に私が提案していることは、不具合がある部分のみを直す修繕ではなく、大きく手を入れてビルの価値を上げるバリューアップ改修です。実際に迷い続けた結果、改修にふみきり、高収益のビルに生まれ変わらせたオーナーがたくさんいるのです。

東京都中央区に築35年のビルを所有するオーナーは、老朽化によるタイルの剥落の危険性をなくしたいと、私の会社へ相談に訪れました。

改修前のビルはかなりの年季が入っていると感じさせるものでした。タイルが重度

に傷んでいることが想定され、オーナーが心配していたとおり、このままではタイルが落下して歩行者にケガをさせる事故にもつながりかねません。さらに建物前面のタイルもくすんでおり、外観が暗く見えるせいかテナントには空きが出ていました。

そこでタイルの剥落防止とともに、外観の印象を全面的にリニューアルする工事を行うことにしました。タイル調だった外観を、左官工事で高級感のある自然石調の外観に変えるとともに、1階部分には天然のみかげ石を張りました。

外観の印象はテナントを誘致するうえで大きなポイントになります。周囲のビルから際立つ印象になり、集客効果に期待した大手コンビニエンスストアが1階に新規テナントとして入居しました。

コンビニがビルに入ると、副次的なメリットも期待できます。このビルにテナントとして入居すれば、そのオフィスで働く人にとっては、ビルの外に出なくてもコンビニで買い物ができ、利便性が大きく高まります。

このようにビルオーナーにとって大切な資産であるビルは、部分的に必要なところを修繕するのではなく、改修して魅力ある物件に生まれ変わらせる、バリューアップ改修をお勧めしています。

バリューアップに取り組むには

ビルのバリューアップには、老朽化した物件の問題点を部分的に解決するだけでなく、さらに一工夫をして付加価値をつけるような改修こそが欠かせません。

バリューアップに取り組む際は、事前に①その物件にどのようなニーズがあるのかをつかむ②費用対効果が十分あるのか確認する③安全性を確保する④建物に改修を加えて価値を高めるリノベーションか、用途変更を伴うコンバージョンか、どちらが必要なのかを考える――の4点を押さえておくことが重要です。

そもそも、ニーズに合わないようなバリューアップをしても、コストがかかるだけで無駄になってしまいます。バリューアップを試みる際には、その建物の資産価値や収益性がなぜ下がっているのかという現状の問題点を直視し、ニーズに合ったリノベーションやリフォームを考えていくことがまず大切です。

費用対効果の面では、全体の経費に対してどれだけ効果があるのかを精査しておく必要があります。複数の選択肢がある場合は費用対効果がより高いものを選択すべきです。

そして安全性は何よりも優先して考えるべきです。耐震性に問題があるなら柱や梁、壁の補強などで対処ができます。壁の補強は入居者に退去してもらわなくても入居したままで補強工事ができます。外壁の剥落防止については外壁タイルや仕上げ材の浮きやはがれがないかなどの定期的な検査を継続することで対応できます。

建物の老朽化に対する最適解は、リノベーションか、コンバージョンか、どちらが必要かを考える必要があります。

オフィスビルのリノベーションの事例としては、1958年に建設された東京・大手町にある大手町ビルがリノベーションを行った結果、創業間もなく急速に成長するスタートアップ企業を対象とする小規模賃貸オフィスに生まれ変わったケースが知られています。リノベーションによりニーズの高いオフィスとなり、収益性の向上が期待できます。ただしこの場合、基本的にターゲット自体は従来と変わりません。

こうして現状を詳しく分析した結果、実際のニーズと合っていないために収益性が期待したほど上がらないとか、むしろ低下していると判断できる場合は、用途変更をする工事によってニーズに合わせて収益率アップを図ることも必要です。これをコンバージョンといいます。

例えば京都市内では訪日外国人の増加、いわゆるインバウンド需要が高まり、2010年代に既存ビルや家屋をホテルにコンバージョンして人気を集めることに成功した事例が相次ぎました。京阪祇園四条駅からほど近いエリアなどで、既存ビルをホテルにリニューアルした例もあります。つまり、ターゲットを変更する必要がある場合には、単なるリノベーションではなくコンバージョンを行うほうが成功につながります。

中小規模のビルでは、実際に建物にとってどのようなバリューアップが必要なのか、現状をリサーチし、費用対効果などを総合的に考えて計画していくことが重要です。

なぜビル改修が必要なのか

なぜビルの改修が必要なのか、借り手側の視点からも見ていきます。新しくオフィスビルを探す場合、まず利用するのがインターネットサイトです。そこにはビルの外観や、エントランス、オフィスルーム、さらにはトイレなどの写真が並びます。最近のサイトでは、間取りや面積などに加え、ＩＴシステムの導入が可能かどうか、耐震性はあるか、最新のＯＡ機器を導入できるかどうかなどを絞り込んで検索することが可能です。しかし、こうしたサイトでは、人気のない旧式のビルは表示さえされない場合もあります。老朽化が進んだ結果、テナントの借り手がつかなくなったり、借り手を見つけるために家賃を下げざるを得なくなったりするケースも出てきます。借り手はさまざまな情報の中から常に周囲の建物と比較しながら自分が入る物件を決めるため、古びてしまった建物に魅力を感じないのは当然です。

また、ビルオーナーでも無駄な建て替えをしてしまう、といったケースがあります。例えば最上階を住まいとしているビルオーナーの場合、エレベーターの不具合は生活に直結する問題となりかねず、ビルも築30年を過ぎて老朽化が目立ち、最新型のエレベーターに入れ替えるならと、いっそのことビルの建て替えを検討するケースがあります。その考え方にも一理あります。

しかし、ビルの躯体は本来30年から50年程度ではびくともしません。国土交通省の「中古住宅流通促進・活用に関する研究会」報告書によると、鉄筋コンクリート造のビルの耐用年数は120年とされています。ビルの各部を放置しておくと劣化するのはやむを得ないとはいえ、きちんとメンテナンスさえすれば、ビルそのものはまず100年以上もつのです。

ですから、私はオーナーたちに対し、築30年として現時点で得ている家賃収入をこれから70年間も継続して得られるとすれば、トータルでどれぐらいの額になるか試算を行うことを勧めています。

その結果、大きな収益を見込むことができるなら、その収益をできるだけ継続して得られるよう、建物の維持管理やリニューアルにどれぐらいの投資ができるかを戦略的に考えることができます。子や孫の世代まで長く安定した利益をもたらす資産となるのが、本来のビルの価値というものです。

経年劣化に対して手をこまねいているのではなく、積極的に対策を練るなど先手を打って常にビルの価値を高めていくことが欠かせません。

将来の不安を解消する手段、経年劣化への対応策は修繕と改修があります。修繕と改修では根本的な考え方が異なります。

修繕は建物を建設当初の水準に戻す工事を意味します。分かりやすくいえば、女性が朝きちんと化粧をして出かけたとしても、昼食を食べたあとなどに化粧が落ちたり乱れたりしてしまうため、口紅を塗り直すなどしてもう一度朝の状態に戻すイメージです。

建物の場合、各設備や部材ごとに耐用年数の基準があります。例えば、耐用年数30年を目安とするのはアスファルト防水や変圧器、エレベーターなどがあります。耐用年数20年を目安とするのは天井に使う石膏ボードや揚水ポンプ、そして意外と放置されがちな水回りの便器などです。こうした耐用年数に応じて劣化したり不具合を起こしたりしている部分を修理し、元の状態に回復させるのが修繕です。

一方、改修とは人間にたとえれば、加齢に伴って生じるさまざまな不具合に対して、適切なエイジングケアを施したり、若返り施術をしたりすることに相当します。単に化粧直しレベルでは済まないため、それなりにコストがかかります。

ビルの場合は、適切な改修工事を行うことで外観だけでなく性能や機能を建築当初よりもグレードアップすることができます。その結果、資産価値の向上とともに入居率の増加が期待できます。

費用対効果を考える

ビル改修を実施すると、多額のコストが発生します。ビルオーナーとしては少しでもコストを抑えたいと思うのが当然です。ただし、だからといって単純にコスト削減だけを考えればよいわけではありません。大切なのはコストパフォーマンス、つまり改修工事にかけるコストと得られるパフォーマンスのバランスです。

低コストを売り物とする施工業者は数多くいます。もちろん、そのような業者がすべて「安かろう・悪かろう」というつもりはまったくありません。

コストパフォーマンスのカギを握るのは、未来予想図をどう描くかといえます。つまり、改修をしたあとのビルの将来像をどれくらいの時間軸で考え、具体的に描いているかが決め手となるのです。

少なくとも現時点ですでに築30年程度を経過したビルの改修であれば、最低でもさらに30年先までを見越した計画を考えるべきだと私は考えています。それは、現状の

建築物の性能水準と補修・修繕・改修のイメージ

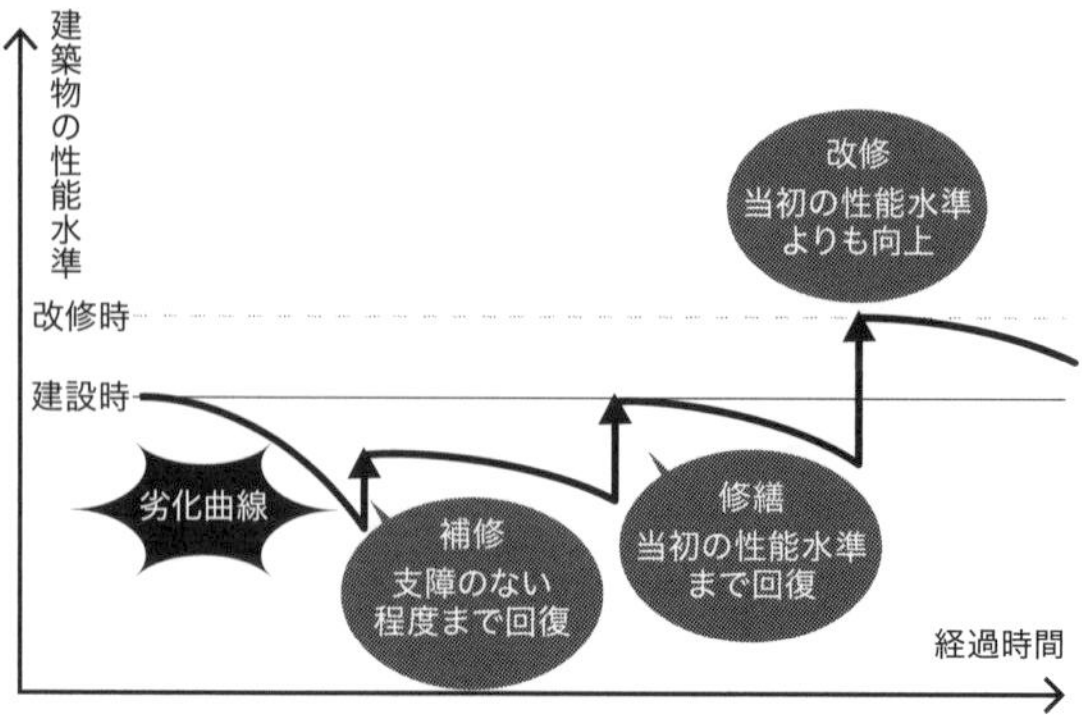

国土交通省「官庁施設の保全」を基に作成

オーナーにとってだけではなく、そのビルを受け継ぐ人にとっても継続的に価値を生み出し続けるための改修になります。

修繕工事と改修工事の費用対効果の違いを計算してみます。

年間のテナント収入が2000万円のとき、修繕工事を1500万円で行ったとします。一方で改修工事を2500万円で行い、資産価値向上により年間のテナント収入が2400万円に増加したものがあったと仮定します。

［修繕工事］
支出1500万円
収入2000万円×3年間＝6000万円
利益は6000万円－1500万円＝4500万円
［改修工事］
支出2500万円
収入2400万円×3年間＝7200万円
利益は7200万円－2500万円＝4700万円
修繕工事より改修工事のほうが1000万円多くかかるものの、3年後には改修工事のほうが200万円多く利益を生み出すことができるのです。

中小ビルの改修を考える際に押さえるべき3つのポイント

中小規模のビルでは、定期的な修繕はもちろん、30年程度を一区切りとして、デザイン性や機能性を一新させる改修を実施し、常に資産価値を高めておくことが大事です。定期的にメンテナンスを施すことによって、いつ見てもきれいで使いやすそうなビルだと評価を受けることができるようになり空室に悩まされるリスクを抑えられます。

長期修繕計画を考える際にポイントとなるのは①資金計画、②定期的な計画の見直し、③周囲の競合ビルとの差別化の3点です。

まず、①資金計画にあたっては、改修に必要な資金をどのように調達するか考えなければなりません。築30年程度のビルオーナーであれば、新築時に借り入れをしていてもすでに返済済みで、将来の改修に備えて資金を積み立てている人もいると思います。とはいえ改修の程度によっては、資金不足となる場合があり、そうした状況が予想される場合は借り入れを検討します。

次に、②定期的な計画の見直しもポイントとなります。例えばオフィスについて、30年前にビルを新築したときに、30年後の今の状況を想像できていた人はいないはずです。男女雇用機会均等法が施行された1986年以来、オフィスワーカーの男女比も大きく変わっています。若手の起業家についても30年前には想像もできなかったほど増えています。ビル改修を考える際には、どのようなテナントをターゲットとするのかを改めて考え、そのターゲットに応じてデザイン性や機能性を配慮する必要があります。

最後のポイントは、③周囲の競合ビルとの差別化です。テナントは新たにオフィスを探す場合に、必ず周囲やほかの候補のビルと比較します。一見すると、新しいビルのほうがより魅力的に見えます。だからといって現状のビルを取り壊して新築しなければ勝負にならないわけではありません。

入居率を上げるバリューアップ改修ポイント

ビルの立地を考えたうえで周囲のビルとの差別化をどのように図っていくかについてですが、まずテナントから選ばれるビルとなるための改修ポイントには次のようなものが挙げられます。

エントランスドアの改修例

①エントランスを一新する

エントランスのリニューアルによって、テナントの誘致効果が期待できます。入居するビルのエントランスは、テナントの企業イメージを大きく左右するのです。仕事の性質上、来客の多いテナントであれば、古ぼけたエントランスではなく快適な雰囲気のエントランスにすることはプレミアム感があると喜ばれます。オフィスに毎日通う社員のモチベーションも、エントランスの第一印象によって大きく左右されます。

エレベーターも要注意ポイントです。基本的に狭い空間となるエレベーターでは、一部の老朽化が目立ちやすくなります。エレベーターの昇降機そのものではなく、扉や内部だけならリニューアルコストもそれほどかかりません。毎日利用するエレベーター空間がきれいにリニューアルされると、好印象を与えられます。

②外壁工事

ビルは建築当時に流行していたスタイルでデザインされていることが多く、例えば築30年のビルを今になって改めて見ると、いかにも古臭く、時代遅れという印象を受けることがあります。

典型的な例が、外壁に使われているタイルの大きさです。最近使われているタイルはコンパクトなサイズで、小さなタイルをたくさん使うのが現代風です。そのため、

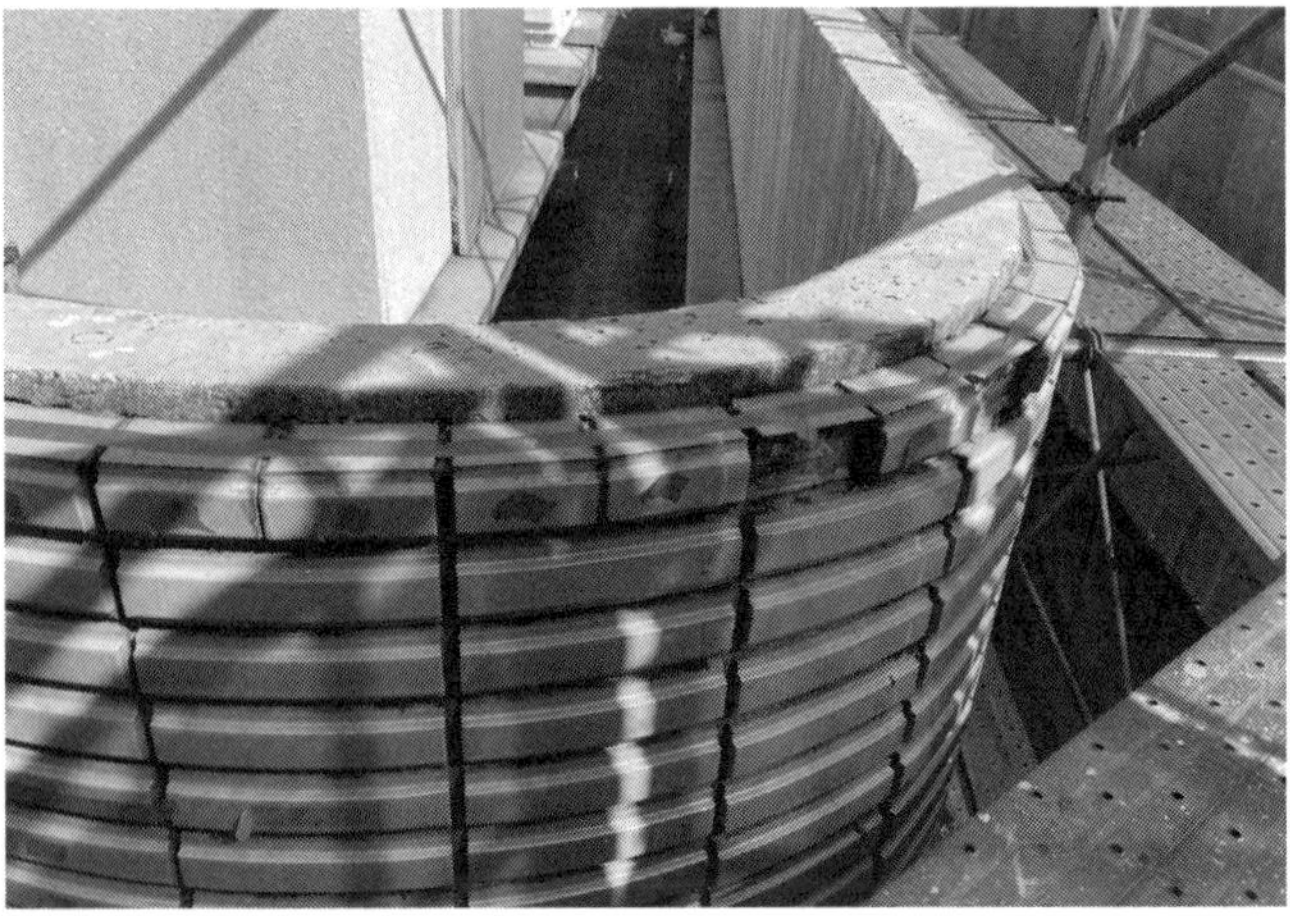

浮いて外壁から剥落したタイル

外壁に使われているタイルの大きさを一見しただけで、ビルの古臭さを感じてしまうのです。

当時はレンガのようなタイルが大流行し、大きいほど高級感があると受け止められていました。単に外観の古臭さだけでなく、厚さも今のタイルと比べ分厚いのが昔のタイルの特徴です。分厚ければ当然その分重くなり、重いタイルほど歳月を経ると剥落しやすいので要注意です。

築30年ほどのビルは外壁タイルをいま一度確認し、浮きなどがないか点検する必要があります。下から見て浮きが見つかった場合はすぐ工事を検討すべきです。

特に大きくて重たいタイルが落下すれば、重大な事故につながるリスクがあるからです。

しかし、古臭いタイルを使った築30年ほどのビルでも、見違えるような外観に改修することができます。私が担当したビルはバブル全盛期に建てられ、特殊なタイルが使われており、今ではかなりくすんで見えました。新築時には表面に黄金色の着色が施されていたであろうタイルは価格も工事費用もかなり高額だったと思われ、ビル完成当初は豪華に輝いていたはずです。

日焼けして古ぼけたタイル（上）が
新築同様に（下）

しかし30年経つと新築当初の輝きは完全に失われ、薄汚れた外観にしか見えません。また、大きく重いタイルを使っているので今にも落ちそうになっているところがいくつもあり、一刻も早く改修する必要がありました。

改修方法としてまず考えられるのはタイルの張り替えです。新築時と同じタイルに張り替えれば、外観が一新され同時にはがれ落ちるリスクもなくなります。ところがそのビルのタイルはあまりにも特殊で今では作製できる業者が存在しませんでした。そこで、タイルの張り替えではなく、タイルがはがれ落ちないように修復すると同時に、目地との隙間もすべて埋め、タイルの模様を活かして塗装する改修方法を提案しました。こうすることで大柄なタイルが生み出す独特の雰囲気を残しながら、見た目は新築同様にきれいになります。いかにも古臭かった外観の印象は一変し、周りにある新しいビルと比べても、むしろスマートさが引き立つようなビルとなりました。

このように単に外壁タイルの剥落を防ぐだけの修繕ではなく、少し考え方を変えたことによってビルの価値を高めるような改修もできるのです。

③内装のリニューアル

改修の対象になるのは外から見える部分だけではありません。ビル内部も単なる補修ではなく全面的に改装すれば新たなテナントを呼び込める可能性が高くなります。テナントの要望をあらかじめ聞き取ってリニューアルを提案することもあります。

全面的なリニューアルはもちろんのこと、フローリングや壁紙の貼り替え、天井や壁の塗り替え、水回りの交換など部分的なリフォームを施すだけでも全体の印象は大きく変わってきます。

オフィス内装のリニューアル例

２０２０年以降のコロナ禍によりシェアオフィスやコワーキングスペース、あるいは企業のサテライトオフィスも普及しつつあります。働く人の意識が大きく変わってきているなかで、オフィスの姿も当然変化しており、時代の変化に合わせてビルの改修をしていくべきです。

内装工事では基本的に「C工事」を避けるのが賢明

内装工事では注意すべき点もあります。例えばオフィスなどビルのテナントが、使用するスペースについてなんらかの工事を求めてくる場合があります。テナントビルの工事については「A工事」「B工事」「C工事」と3つの区分があります。

A工事はビルの躯体部分や共用部分に関わる工事であり、発注権限はビルオーナーにあり、費用負担も当然ビルオーナーとなります。B工事は、テナントの要望を受けてビルオーナーが行う工事です。具体的には空調設備や防水設備、排水や排気に関わる工事であり、費用を負担するのは基本的にテナントで、施工業者はオーナーが指定します。ただし費用負担については、テナントとの交渉によりオーナーも負担する場合があります。

C工事は、内装工事などをテナント側が業者を決めて行う工事です。例えばテナントビル内で店舗を開く場合などは、その内装工事から照明器具の設置、什器の設置などをテナントが行います。この場合の費用負担はすべてテナント持ちとなります。

そしてよく問題となりがちなのが、このC工事です。C工事の問題とは、例えば店舗の場合なら退去時によく起こります。すなわち退去時には原則的に原状回復がルールとなりますが、これが守られないケースがあるのです。

もちろん、C工事を行う場合でも、ビルオーナーは事前に工事計画書を出してもらい、内容をチェックします。ところが実際には計画どおりにいかない場合があり、計画書とは異なる工事をされるケースもあるのです。

ある事例では、ビルの2階に入っているテナントから「看板を窓ガラスに取り付けるC工事を行いたい」との申し出がありました。そこでC工事であれば内装だと解釈して許可したところ、実際にはビルの外壁に穴を開けて看板を取り付けられてしまったのです。

外壁を傷つけられたビルオーナーは当然テナントに抗議し、最終的には裁判にまでなったそうです。その結果、テナントに原状回復の命令が下されましたが、この間に要した時間は約2年と長期にわたっています。C工事のすべてでこのような問題が起こるとは限りませんが、とかくテナントとビルオーナーの間のトラブルとなりやすいのがC工事であり、できれば基本的にはC工事は避けたほうがいいと考えます。

どうしてもC工事を行いたいとテナントから要望された場合には、どのような業者に頼むのかや工事計画書の提出を求めるなど、ビルオーナーとしても事前に確認しておくと、可能な限り問題の発生を抑えることができます。

ビルオーナーの義務「特定外壁調査」

ビルオーナーにとって何より大切なのは安全対策です。2017年2月、北海道で店舗ビルの外壁タイルの一部が高さ2mの場所からはがれ落ち、下を歩いていた通行人2人を直撃し、1人が重傷、1人が軽傷を負う事故がありました。直撃した破片は幅2m、高さ90㎝、厚さ3㎝、重さ数十kgもあり、死者が出ていてもおかしくない事故でした。

老朽化による事故は、さび付いた鉄製の非常階段の落下、古くなり過ぎた給排水管による漏水、電気設備による漏電などさまざまなケースが考えられます。建物の維持管理が適切でない場合、外壁や看板などの落下事故でビルオーナーの責任が問われます。

ビルなどの建物については、定期的な調査が必要である

浮いて落ちかけているタイル

と法律に定められています。具体的にはビルやマンション、デパート、ホテル、病院など不特定多数の人が利用する大きな建物、いわゆる特定建築物については建物の用途や規模によって、毎年あるいは3年ごとに敷地、一般構造、構造強度および防火・避難関係について一級建築士などの調査者が調査し、特定行政庁に報告する義務があります。

さらに2008年4月に建築基準法が改正され、特定建築物の定期調査・検査報告の中でも外壁の全面打診調査が義務付けられました。建物の外壁に使われているタイルや石張り、モルタル張りなどに劣化や損傷があると、外壁材が落下する恐れが出てきます。落下すると歩行者に危害を加えかねない部分については、全面打診調査を行うよう法律によって規定されたのです。

特定外壁調査の対象となるのは、次の条件に当てはまる建物です。

・特定建築物定期調査の部分打診、目視等により異常が認められたもの
・竣工後10年を超えるもの

・外壁改修後10年を超えるもの
・落下により歩行者に危害を加える恐れのある部分の全面打診等を実施したあと10年を超えるもの

要するにビルのオーナーであれば、10年に一度は外壁について調査しなければなりません。特定建築物の定期調査では、まず外壁の目視による劣化損傷状況の確認を行います。さらに部分打診、つまり手の届く範囲の打診調査を行い、浮きなどがないか確認します。この打診調査で異常が認められた場合は、全面的な打診による調査が必要となります。

建築基準法の改正前は、定期報告時に目視と部分的な打診調査を行い、異常のあった場合には、精密な調査が必要だと注意喚起するまでにとどまっていました。ところが法改正後は、外壁面が指定の条件に該当する場合、全面打診調査が必要となりました。それだけ綿密なリスク管理が求められるようになった背景には、多くのビルが築

30年を経過し建物全体の耐久性が低下してきたことなどが挙げられます。

特に地震大国といわれる日本では、災害時に備えた建物の安全性が求められます。２０１１年3月11日の東日本大震災の際には目立った被害のなかったビルでも、大きな震動により建物が激しく揺さぶられ、見えないダメージを受け、どこかにきしみや歪《ゆが》みが生じている可能性が大きいのです。

一度受けたダメージは決して消えません。再び大地震が来て大事故につながる可能性もないとはいえず、絶えず安全対策には注意を払うことが必要です。

落下により歩行者などに危害を加える恐れのある部分

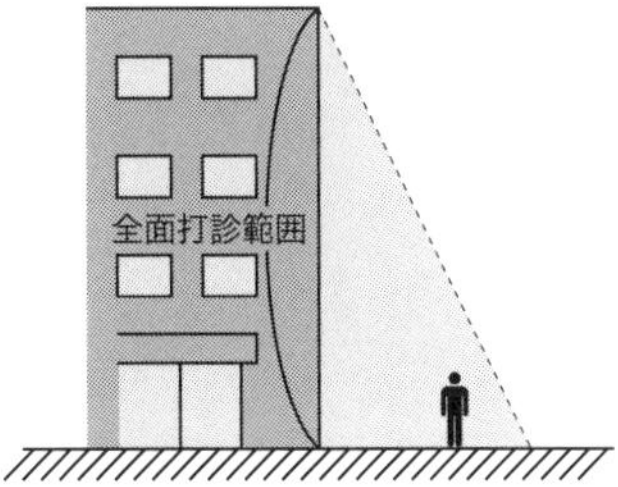

一般的な通路

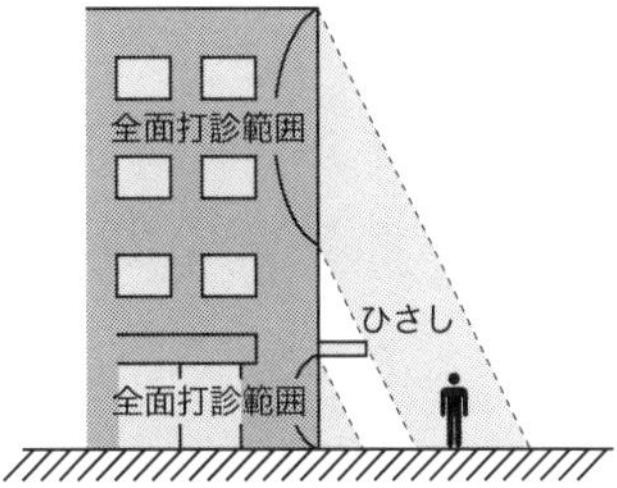

ひさしがある場合

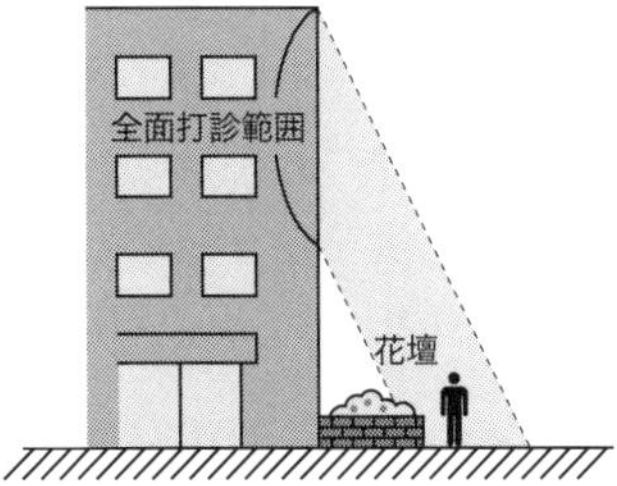

花壇がある場合

ビルの修繕、改修工事はどのタイミングでやるべきか

ビルをはじめとする建築物にはライフサイクルがあります。国土交通省の「国家機関の建築物等の保全の現況」によれば、ビルの生涯は企画・計画から始まり、設計そして建設を経て完成へ、それから運用管理に入り、その間には補修や修繕、改修などを繰り返して最終的には解体へと至ると定義されています。建築物の劣化に対してはまず、支障のない程度まで回復させる補修を施します。ただし補修では建築当初の水準までの回復は望めません。そこで当初の性能にまで戻すのが修繕です。さらに当初の性能水準よりも高めるのが改修となります。

築年数が10年を超えるといろいろなところに支障が出始めます。鉄部、外壁、屋上、電灯設備、廊下、階段、バルコニー、インターホン、消火設備、エントランスからさまざまな付属施設などでなんらかの修繕が必要になってきます。この際にはできるだ

け綿密な建物診断を実施し、修繕の必要な部分についてしっかりと対応していくことが大切です。

一連の点検をしたうえで、修繕・改修工事はどれぐらいのタイミングで考えるべきでしょうか。マンションを対象とする国土交通省の「長期修繕計画作成ガイドライン」によれば、計画期間は30年以上で、かつ大規模修繕工事が２回以上含まれる期間と記されているため、現時点では12～15年を周期として考えるのが妥当と思われます。最近では、高耐久部材を使用してマンションの大規模修繕工事の周期を18年程度に引き延ばす取り組みを行うマンション管理会社もあります。

マンションの工事のタイミングを踏まえて考えると、ビルも同様に12～15年ぐらいの周期で修繕を考え、改修については30年を目安にしておくことをお勧めします。

外壁の全面打診調査

ビル改修工事のプロセス

ビル改修はまず外壁調査からスタートします。建築基準法で必要と定められている外壁の全面打診調査は、打診棒を使って、タイルや石張り、モルタルなどの外壁を実際に叩いて調査します。

まず手の届く範囲の打診調査を実施し、仕上げ材に浮きやはがれなどがないか確認します。そのうえで、手の届く範囲で打診により異常が認められた場合と、竣工もしくは外壁改修等の施工後10年を超えてからの最初の調査である場合には

「落下により歩行者等に危害を加える恐れのある部分」を全面的に打診して調査しなければなりません。

高い場所で外壁調査を実施するためには、仮設足場を組むほかにも、高所作業車、ゴンドラ、ブランコ、ロープアクセス、ドローンなどの方法があります。いずれもコスト面をはじめ一長一短があるため、実際のビルの状況に応じて最適な方法を選ぶ必要があります。選択に際しては、実際に改修工事を行う業者と相談して決めます。もちろん施工業者が外壁調査を請け負える体制を整えているのが理想であり、調査を別業者に出す場合にはその分費用がかかるものと覚悟する必要があります。

・外壁落下防止工事

外壁調査により外壁タイル面、外壁塗装（モルタル下地）面などの損傷状況を把握し、状況に応じて最適な工法で補修をしていきます。工法については、既存の仕上げ材を活かす工法、意匠の変更を伴う工法などから選択します。

・外壁天然石張り工事

外壁天然石張り工事は文字どおり天然の石材を外壁に張り付ける工法です。工業製のタイルの均一さと比べて、天然の石材ならではの独特の質感により高級感のある仕

既存の仕上げ材を活かす工法

意匠の変更を伴う工法

天然石張り工事による改修前（上）と改修後（下）

上がりとなります。タイル張りやモルタル、サイディングなどでは出せない重厚感があるほか、石材は耐久性に優れていて塗装なども不要です。ただし一般的に石材は材料価格が高くつき、工事にも人手を多く必要とするため、タイル張りやモルタルなどに比べると工事価格も高くなります。エントランスや1階部分など建物の顔となるところに使用するケースが多いです。

外壁の石調サンプル

・外壁石調仕上げ工事

外壁石調仕上げ工事は天然の石材調仕上げ塗材を使って、外壁を模様替えする工法です。石材調塗材とは、細かく砕いたセラミックスや天然石が含まれている塗料です。石調仕上げ工事のメリットは、ほぼすべての下地の上に施工できる点に加えて、使う塗材により仕上げイメージにみかげ石調やライムストーン風などさまざまな石材の風合いを再現できることです。

つまり仕上がりの質感は、天然石のように高級感のある外観を演出することが可能なのです。これだけの効果が期待で

塗装工事による改修前（上）と改修後（下）

きるにもかかわらず、天然石を使う場合と比べれば安価です。

・塗装工事

塗装を施して躯体の保護、あるいは鉄部の劣化や腐食の発生を抑えます。塗装の前に躯体の傷みを補修、洗浄します。塗装後も2～5年ごとを目安に定期的な点検、メンテナンスを心がけます。

防水工事による改修前（上）と改修後（下）

・防水工事

ビルの防水工事の目的は第一に漏水防止です。築30年程度のビルで最も考えるべきは30年前と今の気象状況の違い、台風の接近時などに頻繁に線状降水帯が出現していることです。

築30年のビルであれば、30年前の新築時には想定外だった近年の豪雨の多発にも気を配る必要があります。屋上の排水機能の想定雨量を超過して、室内への浸水が発生するケースなども報告されています。排水設備（ドレン）に詰まりなどがないか確認すると同時に、防水層にはがれや劣化が起こっている場合は、適切な防水工事をしていきます。

屋上防水の保証年数は10年、高耐久仕様の防水とした場合は15～20年が目安です。

・電気、給排水、空調などの設備改修工事

ライフラインを守る一連の設備の耐用年数は20～30年です。ただし、耐用年数を迎える前でも、空室が出た場合などにこまめな改修工事をしておくとトータルで長持ちするだけでなく、新しく入ったテナントに好印象をもってもらえます。

電気設備の老朽化を放置すると、漏電などにより火災を引き起こすリスクがあります。電気設備はビルの安全を守るためにも定期的な点検が必要です。電気設備のグレードアップは省エネにもつながります。

給水管は経年劣化により配管内にさびやカルキなどで詰まりが発生し、飲料水までが劣化するリスクがあります。

空調設備は機能低下で結露を除去しきれなくなると、カビなどが発生し健康に悪影

響を及ぼす恐れがあります。日常の清掃などで清潔を保ちながら、早めのメンテナンスや交換などを心がけます。

設備改修工事による改修前（上）と改修後（下）

給水方式の違い

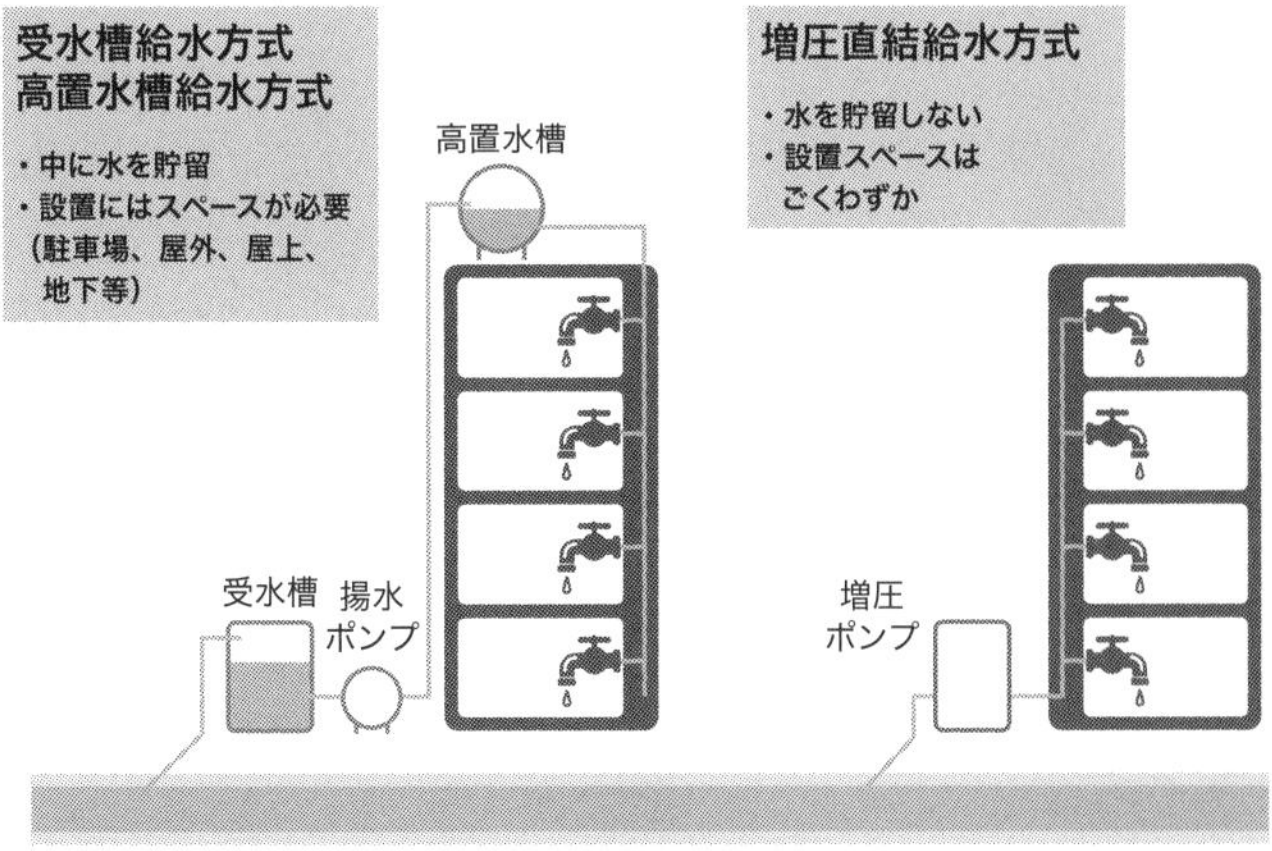

改修時に見落としがちなバリューアップのための5つのポイント

ビル改修について、バリューアップのためにはさらに注意しておくべきいくつかのポイントがあります。

①屋上の貯水槽

築30年ぐらいのビルでは、屋上に貯水槽を設置している例が多く見られます。水道局は貯水槽を使う給水方式から、水道管を使い直接給水する方式への切り替えを促進しています。貯水槽からの切り替えを勧められる理由は大きく2つあります。

第1は衛生面の問題です。例えば飲み水に変な味や臭いがしたり、色がついていたり、にごりや異物が混ざっていたりする場合は、まず貯水槽になんらかの原因があると考えられます。もちろん定期的にメンテナンスをしていれば、このような問題は基本的に避けられますが、それでもためておいた水を使うと、どうしても異常が起こりやすくなります。

そのため自治体は直結給水方式を勧めています。配水管の水圧によって蛇口まで直接水を送る方式であり、配水管の圧力だけでは届かないビルの場合は、増圧ポンプを設置して圧力を加えて水を送ります。このやり方は増圧直結給水方式と呼ばれます。

切り替えを勧めるもう一つの理由は災害への対策です。大きな地震が起きて貯水槽が揺れると、中に入っている水も激しく揺れ動きます。貯水槽内部には水だけでなく空気の層もあるため、水の動きによっては空気が圧縮されて貯水槽が破裂しかねないのです。古いビルの貯水槽周りで老朽化によるひび割れなど破損箇所がある場合、揺れの大きさによっては貯水槽ごと転げ落ちることも起こりかねません。実際に東日本大震災のときには、屋上の貯水槽が転倒したケースも多く見られたそうです。

貯水槽と同様に、屋上にエアコンの室外機が設置されているケースもあります。ガスエアコンの集中冷暖房が採用されているケースで、近年の異常気象により室外機が転倒するケースも出ています。貯水槽や室外機の切り替えなどは、屋上の防水工事のタイミングと密接にからみ、改修工事のタイミングでしかできないので、改修を考える際には一緒に検討することが望ましいのです。

防犯カメラ

②改修時にぜひ強化したいセキュリティ

エントランスのセキュリティ対策や防犯防災も含めた安全管理の強化も、ビルのバリューアップにつながります。設置から長年経過しているエントランスのセキュリティ設備は、ビル利用者の安全安心のためにもできる限り最新システムへの変更が望まれます。

具体的なセキュリティ対策としてまず挙げられるのがオフィスへの入退室管理です。例えば、エントランスの出入り口に監視カメラをつけるなどの対応が求められます。不特定多数の人が頻繁に出入りするような店舗がある場合などは、エントランスの出入り口のほかにビルの1階に防犯用の監視カメラを設置する対応などが必要となります。改修の際に万全のセキュリティ対策を施していれば新たなセールスポイントになります。

テナントがビル内の一室を借りている場合、ビルそのもののセキュリティが厳しく問われます。ビルへの出入りはどのように管理されているのかということです。正面玄関と裏口があるタイプのビルであれば、曜日や時間帯によっては裏口からしか入れないところもあります。出入り口が正面玄関しかない場合は、24時間365日開放されているケースもあります。

ビルオーナーが最上階を住居としている場合なら、生活の利便性も踏まえたセキュリティ対策が求められます。

サウンドマスキングの原理

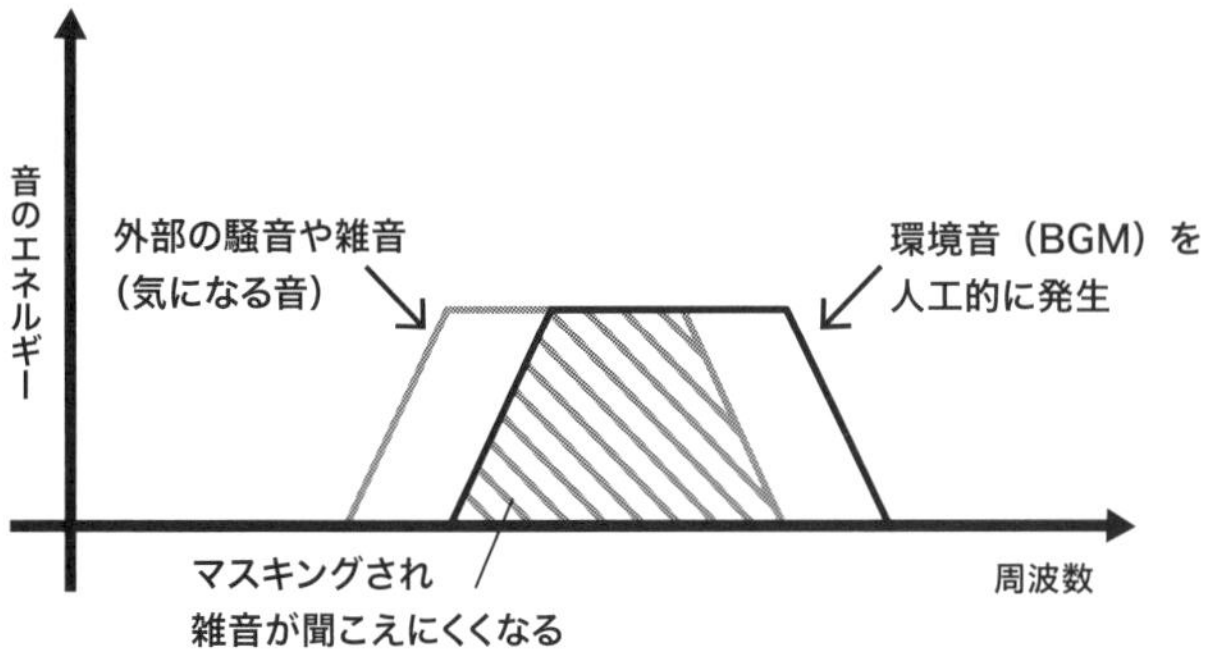

企業によっては、借りたスペースの中でセキュリティに関連してゾーンの区分けを求めるケースも考えられます。例えばワーキングスペースと顧客などの接客ゾーンを分けてセキュリティを強化するという方法があり、このようなニーズにも対応できると、より多くの企業にアピールできます。

③意外に見落としがちな音対策

同じ場所に長い間いると環境に慣れてしまい、周囲の音が気にならなくなります。しかし、初めてその環境に身を置いた人にとっては騒音と感じる場合があります。

つまりビルオーナーにとっては当たり前と受け止めている環境が、そのビルを借りることを検討して訪れたテナントにとっては不快感を催すケースもあり、その結果としてテナント候補を失うことになりかねません。

どのような音が外から響いてくるのかについては、まず周辺環境が影響します。仮に車が行き交うような大通りに面していれば車の走行音がそれなりに聞こえてきます。もちろん、そのような音については ビルを新築する時点で、最新の防音機能を備えた壁

スピーカー

板が採用されるなど、ある程度の対応策は考えられているはずです。

こうした中で、一つのフロアをいくつかの区画に分けて、オフィスとしてテナントに貸し出している場合で考えたいのが、その先の防音です。

コロナ禍以降、オフィスでの働き方が以前とは大きく異なってきているため、仕事の内容によっては非常に静かな環境を求められるケースがあります。一方で、オフィス内でも打ち合わせの際には当然会話が必要となりますので無音というわけにはいきません。

こうしたビルではワークスペースと会議室で、防音対策のレベルを変えることが有効です。具体的には要望に応じて吸音シートや防音シートなどを貼るなどの対策があります。

環境音を使ったマスキング効果なども対応策の一つです。マスキング効果とは、発生している音と周波数の近い音を人工的にあえて発生させて、気になる音の影響を小さくする手法です。喫茶店や飲食店などが店内にＢＧＭを流しているのも、外部の騒音や雑音に対するマスキング効果を狙っての対策です。マスキング音を発生させるためには設備が必要ですが、そのような対応まで改修で導入できれば、ビルの新たなセールスポイントとなります。

水回りの印象はビル全体の印象を左右する

④水回りのリニューアル

見落とされがちなのが水回り、特にトイレです。旧式の設備などがそのまま使われていると、見た目の第一印象が一気に悪くなります。また、共用キッチンの蛇口などの汚れが目立てば特に女性社員には好ましくない影響を与えるので要注意です。企業がビルの入居を決める際には、女性社員の意見が重視されがちな点にも気を配る必要があります。

⑤ビル改修時に欠かせないアスベスト調査

アスベストは「石綿」「せきめん」な

ど呼ばれる繊維状けい酸塩鉱物です。耐熱性、柔軟性、絶縁性など工業的に優れた特性をもち経済性にも優れているため、かつては「奇跡の鉱物」とも呼ばれていました。建築分野でも、多くの建材に利用されていたり、保温断熱目的でアスベストを吹き付けたりする工事が実施されていました。

ところが、アスベストの優れた特性とされていたごく微細な繊維が健康問題を引き起こすという実態が明らかになったのです。微細繊維だけにアスベストを吸引すると、肺などに入り込み、呼吸器系の疾患を起こしたり、発がんリスクが高まったりする危険性があります。１９７５年にアスベストの使用は原則禁止されました。今では各ビルで過去にアスベストが使用されていたかどうかの調査をして、使用されていた場合は適切な対処が義務付けられています。

ビルの改修工事を実施するためには、事前に当該建築物でのアスベストの使用の有無を調査する必要があります。その結果、アスベストの使用が明らかになった場合には工事に携わるスタッフがアスベストに曝露《ばくろ》するのを防ぐために、石綿障害予防規則などに定められた措置をとる必要があります。

2020年度の石綿障害予防規則改正により、ビルの大規模修繕や改修工事の前に、アスベスト含有の有無を調べる事前調査が義務付けられました。調査では、作業を行う箇所から検体を採取して分析を進めます。一定金額以上の規模となる建築物の工事では、アスベストに関する事前調査の結果を電子システムで報告するよう義務付けられています。

事前調査で採取された検体は、調査機関に提出し分析します。検体分析は厚生労働省によって指示された方法によって実施します。分析によりアスベスト含有の有無、含まれている場合の種類や含有量などが報告されます。アスベスト調査により含有が確認された場合、作業を行う業者は、次の各項目を遵守する義務があります。

・石綿作業主任者の選任
・労働者全員にアスベストの特別教育実施
・労働者全員にアスベストの特殊健康診断を実施

現在は技術が進んだことにより、アスベスト含有が確認された場合でも、アスベスト繊維の空気中への飛散防止など適切な対応をとれば安全に作業を進められます。工事中に発生した廃棄物は、アスベスト含有の産業廃棄物として定められた処理を行います。そのうえで適切に処理した証しとして、産業廃棄物管理票の写しを工事完了報告書と合わせてオーナーに提出します。

ビル改修で生まれ変わったビルたち

実際にビル改修により生まれ変わったビルの事例を見ていきます。

ビル改修により、古ぼけたビルがどのように生まれ変わるのか、そのためにはどのような考え方での取り組みが必要なのかを、実例と併せて説明します。

①外観デザインを一新／東京都中央区Nビル

【ビルオーナーの要望】

1. タイルの剥落の危険性をなくしたい
2. 外観デザインを変更したい
3. 1階まわりをきれいにしたい

一目見ただけでかなり年季を感じさせるビルであり、建物全面に張られたタイルが、経年劣化によってくすんで見えるような状態でした。このように外壁の見た目そのものが劣化しているビルでは、外壁タイルの傷みも想定され、タイル剥落の危険性があります。ビルの前は歩行者が多く行き交うエリアの立地であり、万が一タイルが剥落して人に当たるようなことがあれば、ビルオーナーも責任を問われる重大事故となります。

そのような事態を防ぐため、まずタイルの剥落防止を第一の課題とし、併せて外観デザインも一新する工事を行いました。一般的に、タイルの剥落防止策としては、タイル浮きには注入工事、クラックには張り替え工事で対応します。しかし、このビルの場合は全体的に漂う古臭くなったイメージを一新するため、タイルの剥落防止と同時に外観の印象を全面的にリニューアルする改修工事を行いました。

実際にこのビルではテナントに空きが出ており、外観の印象はテナント誘致のキーポイントであることが分かります。

1階部分の改修前（上）と改修後（下）
タイル張りから天然石調に外観を一新

タイル剥落のリスクをなくす工事

【工事内容】

まず外壁の全面打診調査を実施しました。調査結果に基づいて、タイル剥落のリスクのある部分を直していきます。そのうえでピンネットをアンカーピンで外壁に打ち込み、タイル剥落のリスクをなくします。この工法については、工事後10年間の剥落防止保証がついています（最長20年）。

剥落防止工事に続いて天然石調の風合いを醸し出す左官工事を行って、高級感のある外観デザインに仕上げました。外壁の目地部分にボーダーを入れた結果、外観デザインがタイル張りから、天然石調に一新されています。さらに1階部分にはタイルの上に天然石を固定して、より高級感あふれる仕上げとしました。

②ビジネスホテルをモダンオフィスに全面変更／東京都台東区Oビル

【ビルオーナーの要望】

1. ビジネスホテルをオフィスにしたい
2. 客室をオフィスルームに変更したい
3. 外観デザインを全面的に刷新したい

築30年を経過したビジネスホテルの全面改修です。オーナーとしては、かなり思い切った決断であり、おそらくは改修以外の選択肢として建て替えも検討されたと推察します。築50年程度のビルであれば建て替えも合理的な判断といえますが、築30年程度なら改修を行い、次の30年も活用したほうが、明らかに費用対効果は高まります。

外壁改修前（上）と改修後（下）
一目でホテルと分かる外観をリニューアル

なぜならビルの躯体構造そのものの寿命は、最低でもあと30年はもつからです。さらにホテルとして使っていた客室の壁などを取り払って、オフィス用のスペースに広げていくのは、躯体の構造を活かしたままでの改修となるので、それほど難易度の高い工事ではありません。

【工事内容】

ホテルとして使っていたときに客室ごとに設置されていた空調設備だけでなく、窓を取り外して不要な壁は撤去していきます。ホテルからモダンなオフィスへとイメージを一新するため、外観はガラス張りのカーテンウォールとしました。カーテンウォールとは、軽量化と地震の際のガラス飛散を防止するために開発された軽量な外壁です。まさに既存のビルの構造を活かしながら、外壁を変えるだけで大きくイメージチェンジできるのです。

これらの機能面だけでなく、美観についても強いインパクトを持つのがカーテンウォールです。ガラス面で覆われた外観は、立ち並ぶビルのなかでも際立つ印象を与えるので、オフィスを探しているテナントにも好印象を与えています。

③テナントを引き立てる高級感ある外観に／東京都渋谷区Fビル

【ビルオーナーの要望】

1．外観の古さを一新したい
2．デザイン性を高めて収益向上につなげたい
3．タイル剥落の懸念を払拭したい

築30年といわれると、なるほどと、うなずかざるを得ない古い外観でした。また、外壁調査によってタイル剥落の危険性が確認されました。すぐにタイル面に剥落防止工事を実施しました。工事は10年間の剥落防止保証付きです。さらに特殊シリコン樹脂を主成分とする塗料で塗り替え、イメージを変えています。

2階より下の外壁には、オーナーの要望に合わせて天然石調の「磁器質大板セラミッ

クタイル」を張って、上層階とは外観を変え、全体的に明るいイメージに一新しました。

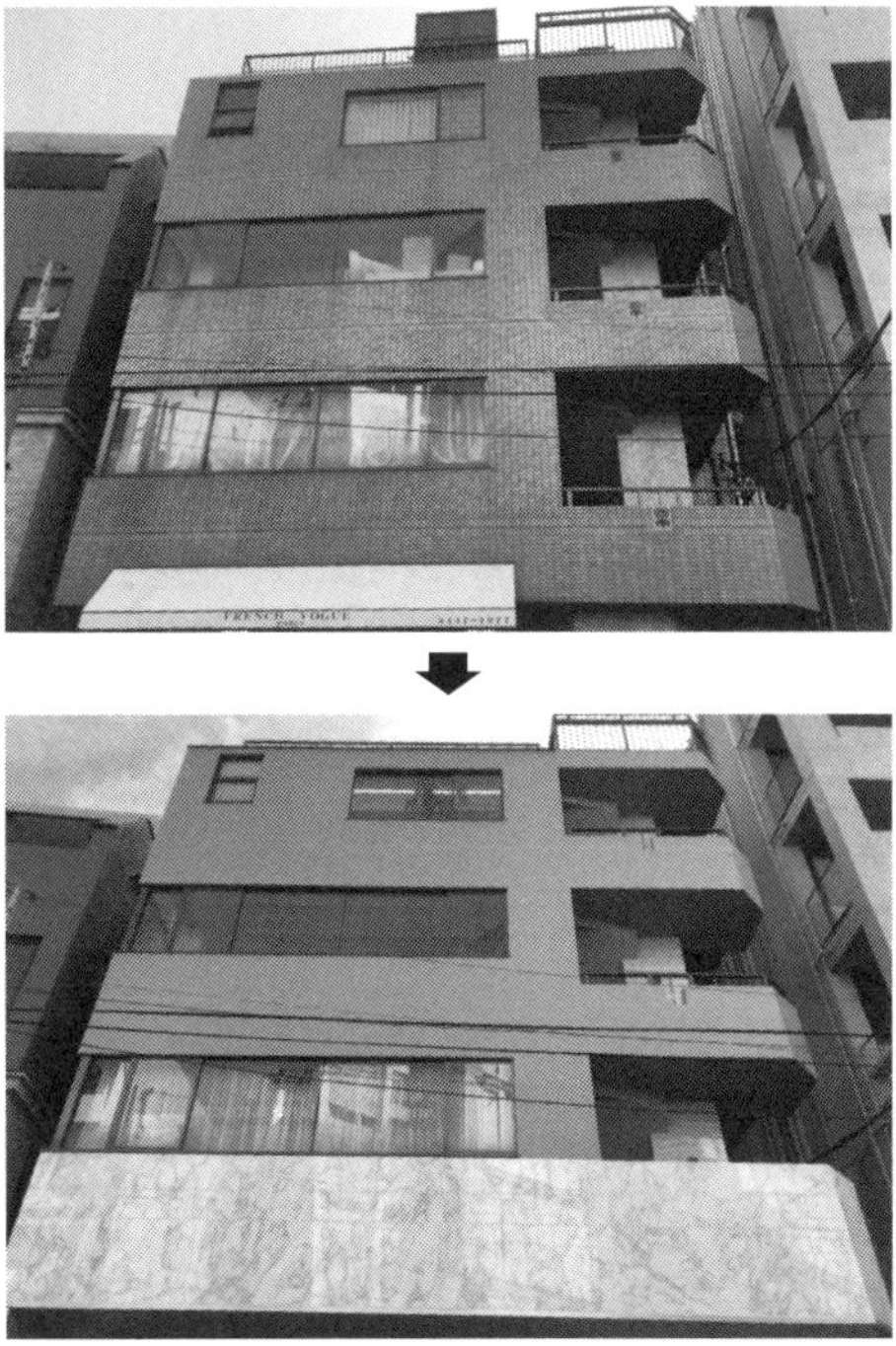

改修前（上）と改修後（下）
タイルの劣化によりくすんで見えた外観を明るく一新

【工事内容】

上層階をオフィスフロア、2階を店舗フロアと明確に分けるために使用したのが、磁器質大板セラミックタイルです。このタイルを張るために、まず外壁タイルの目地の段差を埋めていきます。きっちりと目地埋めをしたあと、さらにモルタル塗りの左官工事を行います。このひと手間がタイルを張ったときの仕上がりに影響します。

磁器質大板セラミックタイルは、光の微妙な当たり具合によって歪んで見えたりもするため、仕上がりの完成度を高めるために、1㎜単位でのきめ細かな調整が必要になります。

また、屋上からつながる斜壁部分で漏水が発生していたので、今後のメンテナンスも踏まえて塩ビシートによる防水を行っています。斜壁部分のタイルと絶縁できる工法で施工したので建物の動きによる防水層の破断を防げます。この工法には10年の防水保証が付いています。

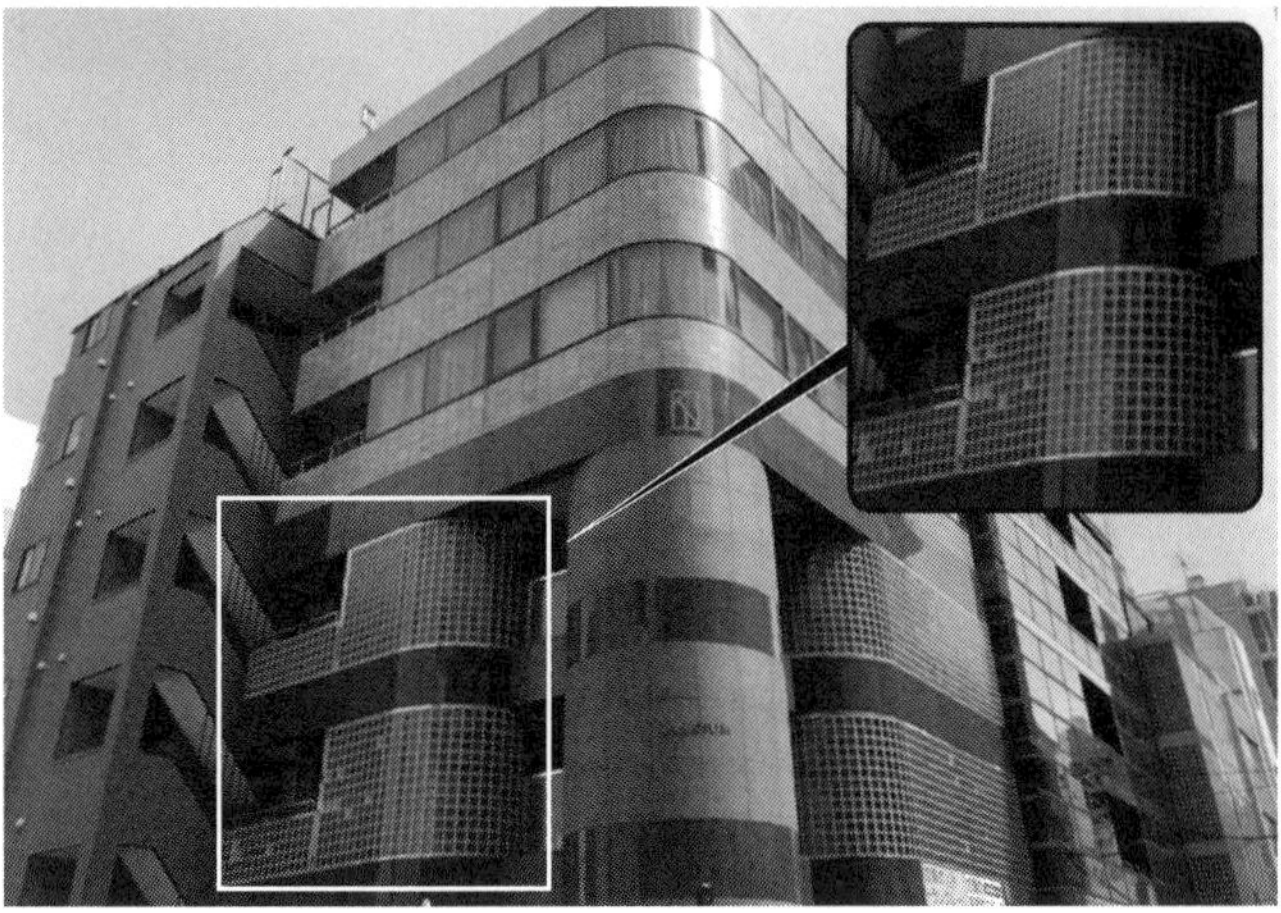
タイルが劣化してまだら模様になった外観

④タイルを張り替えずに剥落を防止／東京都中央区Kビル

【ビルオーナーの要望】

1. タイル剥落の危険性をなくしたい
2. タイル張り替えにより、外観がまだら模様になるのは避けたい
3. 斜壁部分の漏水を止めたい

築年数が30年に差し掛かるビルで、外壁タイルは全体的に傷みがあるのに加えて、特に斜壁部分のタイルの傷みがひどく、それが原因で漏水していました。外壁調査を行うと、斜壁タイルには外壁用

防水材が塗布されていましたが、経年劣化により白く変色して粉状態となっていて、防水機能を果たしていませんでした。漏水だけでなく、タイルそのものの傷み具合も進んでいて、剥落の危険性が高まっていました。

斜壁以外の外壁部分でも、タイルにはひび割れなどの傷みが多く見られました。ビルの立地が角地であり、建物の2面が道路からよく見えるので、タイルの部分的な張り替えなどにより外観がまだら模様になるのは避けたいとの要望でした。

【工事内容】

斜壁タイルの剥落を防ぐために、ピンネット工法と呼ばれる外壁タイル落下防止工事を行い、専用のネットを張ったあと、ピンを打ち込みます。そのネットの上にウレタン防水材を塗布して、漏水を止めます。これにより10年の剥落防止保証と防水保証が付きます。

その他の壁面でも、ひび割れなど傷んだタイルがいくつも見受けられました。これらも剥落を防止すると同時に、見た目を修復していきます。この際に最も簡単なのがタイルの張り替えですが、張り替えるとどうしても見た目がまだら模様となってしまい、オーナーのリクエストに応えられなくなります。

そこで張り替えではなく、クラックの入っているタイルをきめ細かくチェックして、ひび割れ部分にシーリングを充填《じゅうてん》したのち、防水材を塗布していきました。

そのうえで既存タイルとの色合わせをして、外観に違和感のないようにしています。

⑤昭和のビルを令和のビルに／東京都台東区Yビル

【ビルオーナーの要望】

1．築35年の古びたイメージを刷新したい
2．外観を明るい印象に変えたい
3．タイル剥落の危険性を防ぎたい

築35年ということは、建てられた時期はまさに昭和時代の終焉にあたります。昭和時代のビルは、重厚感をもちつつも、やはり古ぼけた印象でした。テナントの視点で周囲と比べてみれば、その第一印象は決して「良い！」とはならないと思われます。

年数が経っていただけに、外壁タイルの傷みも予想され、現状を放置するとタイルの剥落リスクがあります。車が多く行き交う立地であることを踏まえると、万が一タイルが剥落した際に事故が起こることも懸念されます。

【工事内容】

まず外壁の全面打診調査により傷んでいる部分を徹底的にチェックしました。築35年での改修工事なので、今後少なくとも30年程度を見越した収益性の確保を考える必要があります。そこでテナントに魅力を感じてもらえるよう外観を一変させました。

具体的には、まず躯体そのものの補修工事を徹底したのちに、外壁の剥落防止工事としてピンネットを外壁全体に張ってアンカーピンで留めました。そのうえで外壁全面に左官工事を行って、みかげ石調の外壁へと一変させました。これによりダークブラウンの重いカラーリングから、明るくて高級感も漂わせる白色のみかげ石調の外壁へとイメージチェンジされています。

改修前（上）と改修後（下）
一昔前を感じさせるダークブラウンの外壁タイルを白色のみかげ石調に一新

⑥意外にあなどれないさびへの対応／東京都中央区Fビル

【ビルオーナーの要望】

1. 外壁からの水漏れを止めたい
2. 鉄骨階段のさびが気になるので見てほしい
3. フードを交換してほしい

徹底した漏水防止が求められた案件です。まず外壁からの水漏れはシーリングが劣化して、防水機能を果たしていないために起きていました。換気口は一昔前の形状で、ゲリラ豪雨などがあった場合、雨水の吹き込みを防げません。鉄骨階段については、表面上はそれほどさびていないように見えるものの、長尺シートをはがしてみると内部の鉄板は相当に傷んでいて放置できない状態でした。

【工事内容】

工事に着手するにあたり、ビルテナントも含めた近隣への気遣いを徹底しました。1階ではコンビニが営業中であり、24時間来店客があります。また交差点に面した立地であり、歩行者も多く行き交っています。そのため、細心の注意を払いながら足場の組み立てをスタートしました。

漏水箇所のシーリングはすべて撤去したうえで、新しいものに打ち直しています。シーリングについては、5～10年の保証が付きます。鉄骨階段のさびに対しては、ケレン処理を徹底したあとに、さび転換剤を用いた処理を行ってから新たに鉄板を溶接しました。その際に溶接による歪みが出るので、金づちで鉄板をたたく板金作業も行っています。換気口についてはフード付きのものに交換し雨水の浸入を防ぎます。

一見しただけなら多少のさびが見られる程度だった鉄骨階段だが、長尺シートをはがしてみると、内部ではかなりさびが進行していた

⑦デザインを活かすように外壁を一新／東京都港区Kビル

【ビルオーナーの要望】

1．時代や景観にマッチしたデザインに変更したい
2．外壁の落下を防ぎたい
3．工事は短期間で終えてほしい

約30年前に建てられたオフィスビルは、曲面を取り入れたデザインであり当時としては斬新なものだったと想像されます。しかし、時代が変わり、周辺の環境も以前とは異なってしまったため、現状からはどうしても古びた印象が否めません。また外壁には経年劣化によるパネルの日焼けや水漏れなども見受けられます。このビルでも外壁剥落の危険性が指摘されていて、人通りの多い立地であるため剥落防止の改修を急がれていました。改修に際してはテナント誘致の競争力を高めるようなデザイン変更も課題となりました。

【工事内容】

人通りの多い幹線道路に面した立地であり、早急な工事が求められました。外壁剥落の危険を防ぎつつ、全面的な意匠変更工事を行います。

改修前の外壁パネルについて全面調査を行った結果、日焼けによって傷んでいるだけでなく、パネルとパネルのつなぎ目となるシーリング材にも経年劣化が見られました。また、パネルから水漏れを起こしていたことも明らかになりました。さらに、コンクリート部分にはひび割れが生じていたので、そのひび割れの補修も行いました。そのうえでみかげ石調の天然石調仕上げ塗材を使って、外観イメージを一新しました。

改修前と比べると窓の部分と壁面のコントラストが強調される外観となり、曲面デザインも含めてモダンな雰囲気を打ち出せています。

改修前（上）と改修後（下）
特徴のない外壁を天然石に近い
仕上げ塗材を使ってイメージを
一新

見た目はもとより、手触りまで天然
石に近い仕上げ塗材を使用

⑧周辺への配慮を徹底した改修／東京都豊島区Fビル

【ビルオーナーの要望】

1．古いビルなのでイメージを一新したい
2．工事の際は既存テナント、近隣への配慮を徹底してほしい
3．耐久性をもたせてほしい

駅チカの繁華街で、飲食店などのテナントが多く入っているビルの改修工事です。来客の多い飲食店の入居テナントはもとより、隣接するビルにも飲食店などが多く、工事を行う際には周囲への細心の配慮が求められます。

外壁そのものは年季を感じさせる色調となっていて、入居テナントの雰囲気には暗い印象を与えています。この外観イメージを刷新して、できる限り高級感をもたせてほしいとの要望でした。

改修前（上）と改修後（下）
天然石調の仕上げで耐久性と美観を両立

【工事内容】

通行人が非常に多いエリアであるため、安全第一で足場仮設を行いました。また工事期間中も営業を継続する各テナントと密にコミュニケーションを取るよう心がけ、各店舗に悪影響を及ぼさないよう配慮を徹底しました。

外壁工事についてはピンネット工法を採用し、外壁の剥落について10年間の保証を付けています。そのうえで仕上げには、耐久性と美観を両立させるため、みかげ石を感じさせる天然石調の仕上げ施工としています。仕上げ施工を塗装ではなく、左官によるコテ仕上げとしたため、その色や質感はまるで天然石のような仕上がりとなっています。

⑨くすんだ外観のビルにもう一度輝きを／東京都豊島区Oビル

【ビルオーナーの要望】

1．くすんだ外観を一新したい

2. タイル剥落の危険性をなくしたい

3. 住居スペースとして使っている最上階の内装もリフォームしたい

30年ほど前の竣工時には、おそらくキラキラとした、まさにバブル時代を象徴するようなビルだったと思われます。外壁に使われているタイルは特注品で、二丁掛けと呼ばれる大きなものです。表面には黄金色に輝くような特殊処理が施されていました。ただし30年も経つと光は失われてしまい、ただの薄汚れた感じになっています。さらにタイルとタイルの間の目地には、目地材が詰められていなかったため、すでにタイルが何枚か剥がれ落ちており、放置していればとても危険な状態となっていました。

ビルオーナーが住居スペースとして使われていた最上階を、半分は事務所用のスペースとして貸し出し、もう半分は住居用に改めてリフォームしたいとの要望もありました。オーナーにはお子さん、お孫さんがいますので、家族の将来の暮らしぶりまでを見越したリフォームのリクエストです。

経年劣化でタイルがくすんだ外壁を再塗装して一新

【工事内容】

外壁に使われている特注品のタイルはラスタータイルと呼ばれるツヤのあるもので、新築当初と同じように作成するのが困難であり、また既製品で張り替えをするとまだらな外観となってしまいます。そこで劣化したタイル一枚一枚を専用のピンで固定すると同時に、タイルとタイルの間の目地の隙間をすべて目地材で埋め、さらにタイル張りの風合いを活かすようにタイルに塗装をしました。これにより二丁掛けの大柄なタイルが生み出す独特の風合いは残しながらも、見た目は新築同様にきれいになりました。

またこの工法を採用したことで、今後はタイルの剥落を心配する必要もありません。次の30年間については、外壁がタイル面から塗装面となったため、塗装面のひび割れの補修や再塗装だけでよいので外壁修繕のトータルコストを抑えられます。

今回の改修工事では、集客効果を狙ってキッチンなどの水回りも全面的に交換しました。給水関係の什器は30年間使い続けられていたため黄ばみなどが見られました。一見些《さ》細《さい》な汚れと見過ごされがちですが、テナントに女性社員などがいる場合、このような部分が気になるものです。逆にいえば、什器など

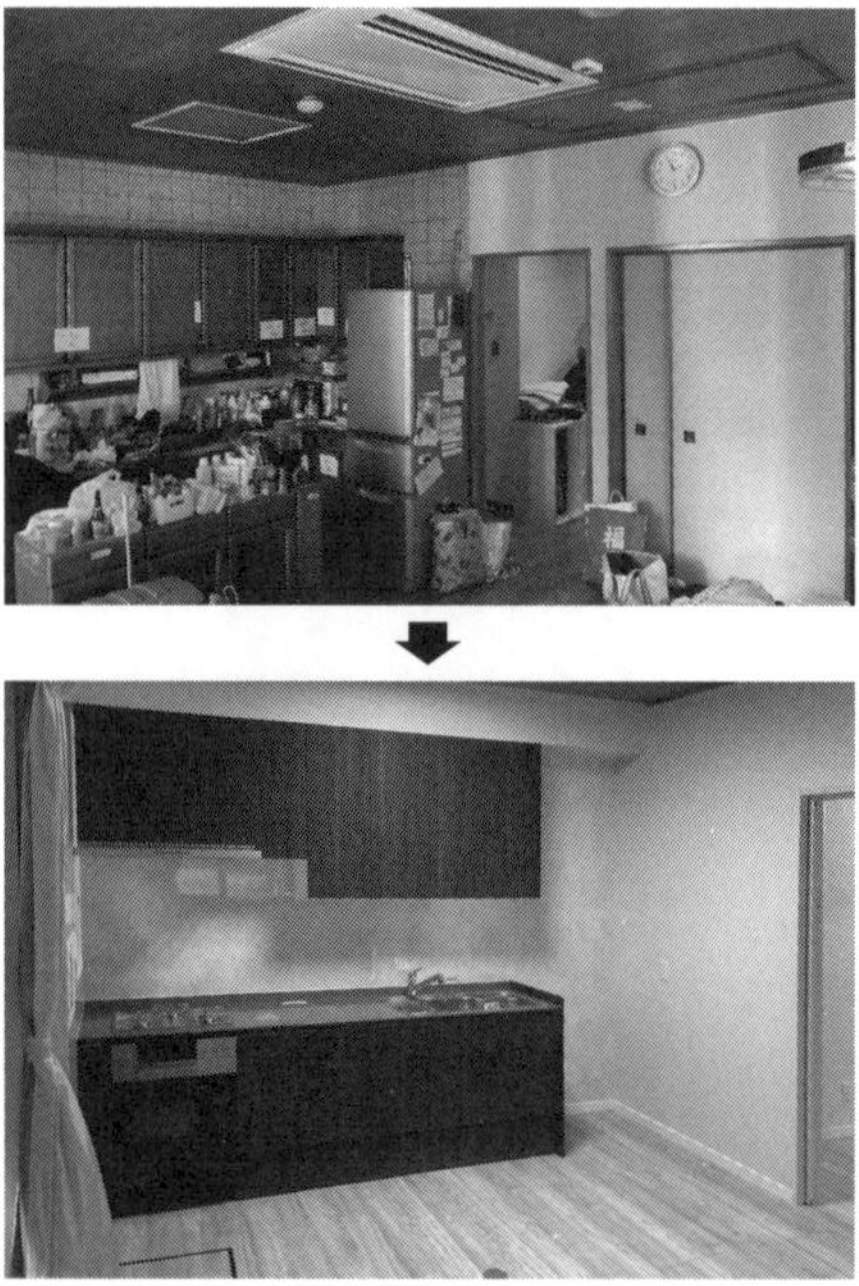

施工前（上）と施工後（下）
システムキッチンを導入しリニューアル

が新しければ、それだけ好感度も高まり、借り手がつきやすくなるのです。

ここで事例に取り上げたビルの多くが、築30年を経過したビルです。そのうえで今後さらに30年程度の展開を視野に入れた改修工事を行っています。改修後はコンビニやおしゃれなイタリアンレストランが入ったり、テナントを見つけやすくなったりと、いずれも収益改善につながりビルとしての資産価値の向上に成功しています。

ビル改修工事の際に考えておくべきポイント

実際に改修工事を行う際には、既存のテナントや施工業者、近隣の人々など、第三者への対応について具体的に考えておくべきポイントがいくつかあります。

・既存のテナントへの注意点

既存のテナントが入居した状態で施工する工事方法を「居たまま工事」といいます。このやり方であれば、まずテナントにとっては、オフィスであれ店舗であれ、営業を継続できるメリットがあります。またビルオーナーにとっても、テナントに対する休業補償などが不要となるためコスト削減のメリットがあります。

ただし、まず事前にテナントと十分にコミュニケーションを取り、改修工事の全容やスケジュールはもとより、業務への影響を理解してもらう必要があります。できればスケジュールについては、テナントの業務への影響を最小限に抑えるために、夜間や土日などの工事も検討すべきです。もちろん万全の安全対策が求められるのはいうまでもありません。

そのうえで次の3点に注意します。「テナントの業務に支障をきたさないようにする工夫」「騒音・振動を抑える工夫」「利用者の理解を得る工夫」です。これらを踏まえて工事計画を練らないと、予期せぬトラブルが発生するリスクがあります。最悪の場合は、テナントとの想定外の係争なども起こりかねないので、綿密な計画と細心の注意を払ったうえでの工事が求められます。

まず最も重視すべきなのが、テナントの業務に支障をきたさない工夫です。そもそも居たまま工事とは、テナントは借りているスペースをいつもどおりに使える状態で行う工事を意味しています。すなわちテナントとしては当然、オフィス業務や店舗営業を止める必要がなく、いつもどおりに営業できる状態を期待します。

ただいくら「居たまま」とはいえ、工事内容によっては、テナントにどうしても一時的に場所を移ってもらわなければならないケースも出てきます。例えば1階で工事を行わなければならない場合、1階に入っているテナントにほかの階に移ってもらうといった具合です。あるいはワンフロアを区切って貸し出している場合には、フロア内でエリア分けをして、空いているスペースに一時的に移動してもらうなどの対応を求めるケースもあります。

テナントに移動を求める際には、業務継続に必要な設備の運搬はすべてオーナーサイドで引き受けるのは当然として、ほかにもテナントの業務を可能な限りスムーズに進行できるよう最大限の配慮を徹底する必要があります。そのためにも工事に入る前にテナントと意思疎通を図ったうえで、きめ細かく相談をしながら工事計画を立てる必要があります。

次に徹底すべきは、入居しているテナントに不快感を与えないよう、騒音や振動を極力抑える工夫です。テナントが入居している状態で改修工事を行うので、まず音や振動の出る作業はできる限り配慮し予定を組みます。また工事エリアを区画分けして、音や振動が伝わるのを極力防ぐ施策も必要です。

これらの施策を実施するためには、テナントの利用状況をあらかじめきめ細かく把握しておく必要があります。どのスペースを、どのテナントが、どのように利用しているのかなどの事前情報に基づき、工事が与える影響の発生を抑えます。

工事エリアと利用エリアのゾーニング、曜日や施工時間による工事計画の立案などは、養生や足場の仮設をはじめとする施工方法全体に影響するのはもちろん、セキュリティにも関わります。当然、その結果が工期やコストにははね返るので、慎重なプランニングが求められます。

できる限りの工夫を徹底したうえで、さらに利用者の理解を得る努力も欠かせません。テナントにとっては工事期間中も業務を継続できるメリットがあるとはいえ、実際に工事が始まれば、施工業者が最大限の注意を払っていても、テナントは騒音や振動の影響を必ず受けることになります。テナントとしては、事前にどれだけ説明を受けていたとしても、実際に騒音や振動が起こるとなんらかの形で業務に差し支えるケースも出てきます。そのような場合でも工事の影響を最小限に抑えるために、事前の告知を徹底する必要があります。

さらには近隣住民の方々や近隣のビルなどの利用者にも、なんらかの形で工事の影響が及びます。そのため工事期間や時間帯、工事内容などの基本的な情報だけでなく、騒音や振動、粉塵《ふんじん》や臭気の発生などもあらかじめ通知する必要があります。工事の進捗状況についてもきめ細かな通知が、円滑な工事進行には欠かせません。

・施工業者への対処法

改修工事を行う際には、対内的なトラブルと対外的なトラブルの2種類が想定されます。対内的なトラブルとは、施工業者との間で発生するもので、工事の遅延や仕上がりの品質の低さなどがあります。まず、そもそものようなトラブルを起こさない業者を選ぶことが先決です。納得できる業者に任せる場合でも、スケジュールの共有と進捗の確認や要所要所での品質チェックなどを欠かさないように注意します。これは業者の選択にも関わるポイントでもあり、そもそもきめ細かなチェックを拒否する相手を選ばないように注意すべきです。

・近隣への対応

対外的なトラブルは、居たまま工事でのテナントへの影響のほかに、近隣に対して起こり得る問題を意味しています。具体的には工事に伴って必ず発生する騒音、振動、粉塵、臭いが引き起こす問題です。騒音や振動については、最新鋭の機材を使えば相当程度まで抑えられるとはいえ、ゼロにはできません。工事に伴う粉塵発生をゼロに抑えるのも不可能です。

外壁塗装で使用する塗料や接着剤についても、かなり臭いを抑えたタイプが開発されてはいるものの、完全に無臭というわけにはいきません。これら騒音、振動、粉塵、臭いのいずれもが近隣からのクレーム対象となりますが、特にトラブルになりやすいのは臭いです。なぜなら騒音や振動は当日の作業が終われば出なくなりますが、臭いだけは作業の終了後にも乾くまであたりに漂っているからです。

近隣の人たちの立場で考えれば、何よりストレスになるのが「不快な騒音や振動、臭いなどをいつまでガマンすればよいのかが分からない状況」です。工事期間も事前に告知したうえで一日の工事時間を明確に伝え、予定どおりに終了させると納得を得やすくなります。また工事の進捗状況をきめ細かく知らせることが大切です。

こうしたきめ細かなコミュニケーションは最初が肝心で、まず工事前に近隣にきちんとあいさつに回っておくことがポイントです。あいさつ回りは、基本的に施工業者が行うべき作業ですが、その際にビルオーナーも同行していると、相手の受ける印象が大きく変わってきます。

もう一点、改修時に注意の欠かせないことが、防犯とプライバシーへの配慮です。外壁の工事などをする場合には、足場が設置されます。この足場をチャンスと狙いをつけて、空き巣などが入るケースがあるのです。このような空き巣対策として、窓に臨時的につける補助鍵を貸し出したり、空き巣の抑止効果を狙った防犯カメラを設置したりします。

またプライバシーへの配慮として、事前に作業時間や場所の告知を徹底しておき、そのうえで「お手数をおかけしますが、ブラインドやカーテンを閉めていただけませんか」などと一声かけて回ります。このようなきめ細かな気配りのできる施工業者の選定が重要なのです。

第3章

テナントのニーズを把握して、競合ビルとの差別化を図るバリューアップビル改修に必要なマーケティングリサーチ

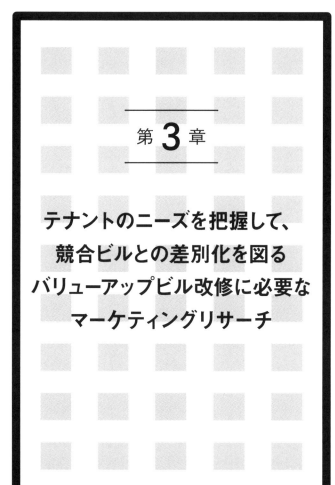

マーケティングの考え方を参考にする

ビルのバリューアップのための改修には、周囲の競合ビルとの差別化が重要です。その際に必要となるのがマーケティングの視点です。多くのビルオーナーにとってマーケティングはあまりなじみがない言葉なのではないかと思います。テナントビルを運営する不動産の事業とマーケティングは、基本的に関係ないととらえられがちです。しかし、ほんの少しでもマーケティングの考え方を知っておくと、ビル改修の際に貴重なヒントを与えてくれる可能性があります。

本来はビルを建てる前にしっかりとマーケティングを考えておくべきですが、改修時でも決して遅過ぎるわけではありません。

マーケティングという言葉で思い浮かべるのは、市場調査や販売戦略、あるいは広告などかと思います。

マーケティングとは、顧客にとっての価値を提供し続ける行為です。マネジメントの神様とも呼ばれたピーター・ドラッカーの定義するマーケティングは「販売しなくても売れる状態を目指す」です。つまり顧客を理解し、顧客に向けた製品とサービスを提供して、自ら売れるようにするということです。

この考え方をテナントビルに当てはめて考えてみます。そもそもテナントビル業は、ビル内のスペースをテナントに貸して収益を得るビジネスです。すると、テナントビルの顧客はテナント、つまりビル内のフロアやスペースを借りてくれる企業であったり店舗であったりするのです。

ここで注意すべきは、相手が企業であれば、賃貸契約の相手となる企業の経営者だけではなくそのオフィスで働く人たちも顧客だということです。実はこのオフィスで働く人たちのほうが直接的で、かつ重要な顧客となります。ビルをいくつも保有しているようなオーナーにとっては、そのうちの一つにすぎないオフィスも、働く人たちにとっては、そのオフィスこそが大切な空間になるからです。

あるいは相手が店舗の場合は、当然その利用客のことを考える必要があります。例えば顧客が美容室を営んでいる女性だとすれば、彼女にとって何より大切なのは、美容室に来店する客です。美容室に来店する客にとってのビルに対する第一印象はとても大切です。外観、つまり見た目の印象が良ければ、その好印象が美容室の評価につながることになります。

顧客について理解したら、次は顧客にとってのビルの価値は何なのかを考えます。企業の経営者にとってオフィスとは業績を上げるための場です。オフィスで社員が仕事をして、売上を上げて利益を出し続けてくれなければ、オフィスの価値はありません。

社員にとってのオフィスの価値は、快適に仕事ができる場であるべきなのはいうまでもありません。一日のうちの長い時間を過ごす空間として、居心地の良さは欠かせない要素です。

このように顧客について改めて考えてみると、自分のビルにはどのような顧客がいるのか、そして顧客にとってのビルの価値は何か、価値を高めるためにはどのような改修が望ましいのかを、改修の方向性を決めるときによく考える必要があるのが分かると思います。

顧客についての考えを深めていけば、その結果として顧客に貸し出すビルのあるべき姿、つまりどのように改修をすべきなのかといった目指すべき方向性が見えてくるのです。

テナントビルを取り巻く状況について

具体的な工事の内容を考える前に、テナントビルに関する現状の法律や規制などをひととおり把握する必要があります。

第一に確認しておくべきなのは建築基準法です。2008年の改正で外壁の全面打診調査が義務付けられたように、ビルについては時折法改正があります。最近では、

2022年6月に改正建築物省エネ法が公布され、従来は300㎡以上の非住宅ビルに求められていた、性能向上努力義務が小規模ビルにも求められるようになりました。

また、税制面も改正されることがあります。2023年度税制改正の大綱には、マンション長寿命化促進税制の創設が盛り込まれました。対象は築後20年以上が経過している10戸以上のマンションです。テナントビルではなく、あくまでもマンションを対象とした長寿命化のための減税措置ですが、これらのマンションで長寿命化工事を実施した場合に、その翌年度に課される建物部分の固定資産税額が減額されるのです。

つまり減税措置を打ち出してでも長寿命化の工事をしないと、今後老朽化していくマンションが増える一方になり、近い将来、手のつけようのない状態に陥る恐れがあります。このようなリスクをもはや放置できないというような危機意識が政府にはあり、リスク回避するための法改正なのです。現状はあくまでもマンションを対象とした法改正にとどまっていますが、今後テナントビルについてもなんらかの改正がない

建築主の性能向上努力義務

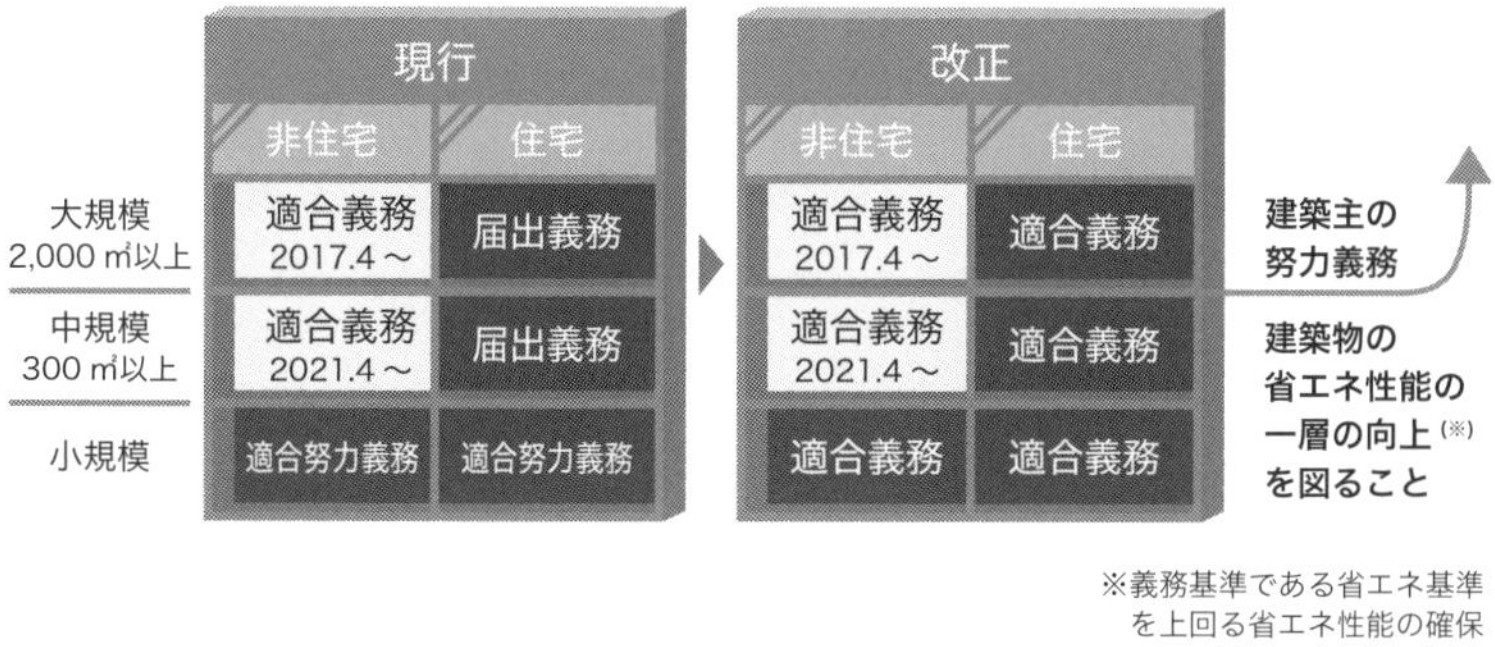

	現行		改正		
	非住宅	住宅	非住宅	住宅	
大規模 2,000㎡以上	適合義務 2017.4〜	届出義務	適合義務 2017.4〜	適合義務	建築主の 努力義務
中規模 300㎡以上	適合義務 2021.4〜	届出義務	適合義務 2021.4〜	適合義務	建築物の 省エネ性能の 一層の向上(※) を図ること
小規模	適合努力義務	適合努力義務	適合義務	適合義務	

※義務基準である省エネ基準

を上回る省エネ性能の確保

出典：国土交通省「令和４年度改正建築物省エネ法の概要」

とは限りません。

立地を再確認する

ビル改修をする際には、そのビルの入居者や利用者にとっての価値を考える必要があります。誰が使うビルなのかと考えるためには、いま一度立地を確認することがスタートとなります。

例えば駅前はテナントビルにとってはとても良い立地条件です。駅を利用する人が、ビルの前を自然と行き交うような場であれば、1階に小売店が入る可能性が高まります。駅が近ければ通勤に便利なため、オフィスとしての需要も高まると期待できます。駅から近いところに若い人たちの集まる施設、例えば近くに大学などがあれば学生たちを対象として商売を営むテナント、具体的にはカジュアルな飲食店などが入居する可能性が高まります。仮に現状で1階が空きテナントになっていて、改修工事を計画するのであれば、その場所にどのような需要があり、どのようなテナントが入居しそうかを考え、ターゲットを明確に設定した改修をすべきです。

立地に加えて、近隣オフィスビルのテナントの埋まり具合も改修前に一度確認すべきです。どのような業種・業態のテナントが入っているのか、さらにテナントの空き状況はどのような具合なのかをチェックします。

東京都内の場合、基本的には人通りの多い場所で交通の利便性も良いところに建っているビルが多いはずです。そこで立地によっては、ビルの近辺を行き交う人たちをじっくり観察すれば、なんらかの傾向が見られるはずです。

東京都心でたとえると、渋谷は若者に人気のファッショナブルな雰囲気が漂うエリアですが、一方で銀座は高級ブランドが立ち並ぶ大人な雰囲気が漂うエリアです。つまり空きテナントを埋めるために、その立地の特徴に応じた改修工事を行い、テナントにメリットを感じてもらえるようにするのがマーケティングの考え方に基づいたビル改修です。

既存テナントとのバランスを考える

まわりのビルの状況確認は、改修の方向性を考えるうえでもとても重要です。近隣に多くあるのがオフィスビルだとして、まずそれらのビルで提供されているオフィススペースの条件や家賃、設備と外観の印象などをチェックします。都内中心部でも、高層ビルの立ち並ぶオフィス地域を除くと、小規模なオフィスビルから商業施設併用のビルなど多様なビルがあります。

多様なビルがあるなかで改修を進める際には、誰に対して、どのような魅力を打ち出すのかがポイントとなります。仮に企業を対象とするなら、どれぐらいの企業規模なのか、どのようなビジネスを展開している相手なのかを考えるわけです。その際に考えるべきなのが、既存テナントとのバランスです。

すでに入居しているテナントが堅実なビジネスを展開している企業である場合、そのなかにいきなりベンチャー系の企業が入居したら、ビル全体の雰囲気がずいぶんと異なってきます。

そういったテナントの入居を良しとするのかどうかは、既存のテナントとの関係性にもよります。若い元気な人たちが入ってくれたほうが活気が出て良いと受け入れてくれるテナントもあるかと思います。逆に、これまでは静かに仕事ができてよかったのに、急に雰囲気が変わって仕事がやりづらくなったと不満を抱えるテナントが出る恐れもあります。

それに、ベンチャー企業をターゲットと期待してそれなりの改修をしても、狙いどおりのテナントが来てくれるとは限りません。既存のテナントや周辺環境を踏まえて、新しく入居してくれそうな可能性のあるテナントなどを多角的に考える必要があります。

都内主要5区では中小規模のテナントビルが多い

東京都内のテナントビルの現況を見ると、主要5区（中央区、港区、千代田区、渋谷区、新宿区）はオフィスビルの立ち並ぶビジネスエリアであり、オフィススペースに対するニーズは堅調です。大手企業が入居する高層ビルだけでなく、中小規模のテナントビルが多いこともこのエリアの特色です。中小のテナントビルには複数のテナントが入居していて、異なる業種・業態の企業が併存しています。具体的な用途は、オフィスのほかに小売店、飲食店、クリニックや法律事務所、デザインスタジオなど多種多様なテナントが入っています。中小のテナントビルは、都心部からやや離れたエリアに位置するケースが多く、その場合は地域の中小企業や小規模な事業主などが主な借り手となります。

テナントビルを借りたい人のニーズに応える

テナントビルを探している人のニーズで第一に重視されることは立地条件であり、交通利便性の高さです。もちろんビル改修で立地を変えられるわけではありませんが、だからこそビルオーナーには現状の立地を改めて振り返ってみてほしいと思います。

そもそも、なぜそこにビルを建てたのかを考える必要があります。その土地を先祖から引き継いでいたところ、あるときデベロッパーから「ここにビルを建てると収益になりますよ」などと営業をかけられたケースがかなり多いようです。実際、付き合いのあるビルオーナーから話を聞くと、同じような経緯でビルを建てた人が多くいます。そのような営業の際の決まり文句は「ビルを建てて子どもさんたちに残してあげればビルが必ず収益を生みますから、次の世代の人たちは楽に良い暮らしができます」といった内容だったそうです。

デベロッパーがでまかせを言ったわけでは決してないと思います。土地を見る目をもっているプロが、その立地を良いと判断したから声をかけたはずです。つまり最寄り駅から近かったり、あるいは大通りに面していたりしてある程度の人通りを見込める立地だからテナントビルの建設を勧めたはずで、逆に駅から少し離れていて静かな立地であれば、テナントビルではなく賃貸マンションなどを提案したはずです。つまり現状の立地は何の問題もなく、基本的には借り手のニーズを満たせるケースがほとんどであると思われます。

重要なのは、ビル内のスペースとレイアウトに対する借り手のニーズが変化してきていることです。広さにもよりますが、ワンフロアを丸ごと借りたいというテナントは、以前と比べると減ってきています。テレワークの普及などにより働き方が大きく変化しているのと同時に、コスト感覚にシビアなテナントも増えているため家賃についても費用対効果が求められます。

なかでも重視されるのが共用スペースです。事務作業をするスペースは最小限に抑えたいけれども、商談用のスペースやミーティング用の会議室は確保したいなどといったようにテナントのニーズは多様化しています。改修の際にはこうした借り手のニーズの変化を想定したうえで、ビル内部のレイアウト変更なども検討すべきです。

付帯設備やサービスなども、新たな借り手にとっては重要な判断要素となります。今ではどのような業種・業態にとっても、ＩＴ設備は最新鋭であることが求められます。ただし、ＩＴ設備についてはビルオーナーがすべてを用意する必要はありません。ＯＡフロアなど、ＩＴ設備への対応ができるような仕様にしておけばよいのです。

企業の細かなニーズに対応する改修

都内の主要5区のテナントビルに対して強いニーズをもっているのがクリエイティ

ブ系企業です。例えばウェブデザインを手掛ける事務所やYouTubeなどの映像制作会社、あるいは建築士事務所なども最初に事務所を立ち上げるときにはビルの一室からといったケースがよくあります。

このような企業に共通するオフィス空間に対するニーズは、クリエイティビティを存分に発揮できる環境です。なにもないところから創造するためのベストな空間として開放感のあるスペースを求めるケースが多いようです。

がらんとして広々としている、壁なども真っ白で、天井はできるだけ高く、窓は大きくて、光がたっぷりと入ってきて、収納スペースも考えられていて、目に入るところが雑然としていないといったスペースです。

例えば改修の際に1フロアを丸ごとクリエイティブゾーンに設定して、フロア内のゾーニングについて臨機応変に対応できる仕様とする手法があります。つまりテナントが内装を自由に変えられるようなしつらえです。あるいは元の設計にもよりますが、天井をあえて張らずにコンクリートむき出しとするのも、テナントに好感をもって迎えられる可能性が高まります。改修のポイントは、テナントの発想をいかに豊かに伸ばしてあげられるかということです。

30年先までを踏まえた改修に取り組むのなら、ビルオーナーを継ぐ次の世代に対して、どのようなイメージのビルを残したいのかと考えて発想を広げていってほしいと思います。もう一つ見逃せないのが、近年急速に増えているＩＴ関連企業です。

そこで必要不可欠となるのが、インターネットにスムーズにアクセスするための光ファイバーです。回線が引けるような配管を事前に設置するか、または回線が通るよう壁に穴を開けておく必要があります。さらに顧客や情報の重要度によっては、万が一の際のバックアップ用としてサプライヤーの異なる2系統の光回線が利用できる環境を求められるケースも考えられます。

もちろん電源も同様です。通常のオフィスの場合より大きな容量の電源確保が求められる可能性があり、停電時のバックアップ用電源が必要となるケースも想定されます。

クラウドサービスを利用するケースが増えているため、オフィス内にサーバーを設置する場合はそれに対応できるだけの大容量電源が必要となります。

オフィスワーカーの人数を考えた改修

テナントビルにオフィスを構える企業が従業員1人あたりに割り当てるスペースについての調査によれば、契約面積ベースの1人あたりの床面積については小規模ビル：13・6㎡、中規模ビル：12・6㎡、大規模ビル：11・7㎡です。

実は1人あたりの床面積は、小規模ビルほど広くなります。また区域別で見ると、最も広いのは中央区の14・0㎡、最も狭いのは、港区の11・1㎡です。このような差が生じる理由は、地価の高さが影響していると思われます。

従業員１人あたりに割り当てるスペース

	外資系の１人当り平均床面積（㎡／人）	棟数	国内製造業の１人当り平均床面積（㎡／人）	棟数	国内非製造業の１人当り平均床面積（㎡／人）	棟数
千代田区	20.1	15	15.6	18	14.1	27
中央区	19.2	3	13.3	13	14.7	30
港区	22.5	8	12.1	8	15.6	18
その他（都心３区以外）	16.2	10	11.6	9	11.8	27
平均／計	19.5	36	13.15	48	14.05	102

出典：一般社団法人　日本ビルヂング協会連合会「平成25年度ビル実態調査東京要約版」

昨今の傾向としては、１人あたりの床面積を考えるのではなく、延床面積とスタッフの人数をトータルで考える傾向が主流になりつつあります。なぜなら、いわゆるフリーアドレススタイルを導入する企業が増えているからです。

フリーアドレススタイルのメリットは、従業員間のコミュニケーション促進や、オフィススペースの効率的な活用、トータルコストの削減などがあります。毎日、仕事をするデスクを自由に変えられて、時には午前と午後で違うデスクで仕事をする、あるいはプロジェクトごとに異なるメンバーが集まって、アイデアを交換しながら業務を進めていくなどはいずれも従来のオフィスでは考えられなかった働き方であり、ベンチャー企業などで好まれるスタイルです。

しかしフリーアドレススタイルを採用するときには、仕事に必要なパソコンや資料などを保管しておくロッカーなどの備えが必要となります。

人口減少を見据えた、長期の視点でもビル改修を考える

日本の近未来を決定的に左右するのは、人口減少です。全国的に人口が減るなかで特に生産年齢人口が減っていけば、オフィスワーカーの数も減るため、ビル需要そのものに大きな影響を与えます。

15歳から64歳までの生産年齢人口は、2020年に7500万人ほどだったのが、30年後の2050年には5500万人ほどとざっと2000万人ほども減ると見込ま

れているのです。

ある程度長期にわたる状況を踏まえたビル改修を進めるのなら、30年後のオフィスビルの需要を考えておく必要があります。都内の主要5区のビルについては、30年後でもオフィスビルに対する需要が今と変わらないか、あるいは今よりも見込めるのではないかと個人的には考えています。

その理由は業務の効率化を進めるために、おそらく今以上に都心部への集中が進むと考えるからです。

また、オフィスワーカーの働き方そのものが、今と大きく変わっている可能性が高いと考えます。コロナ禍で一気に進んだテレワークが元に戻る可能性は低く、ＡＩなどの普及によりオフィスワークの姿がさらに大きく変化する可能性もあります。

高齢化の推移と将来推計

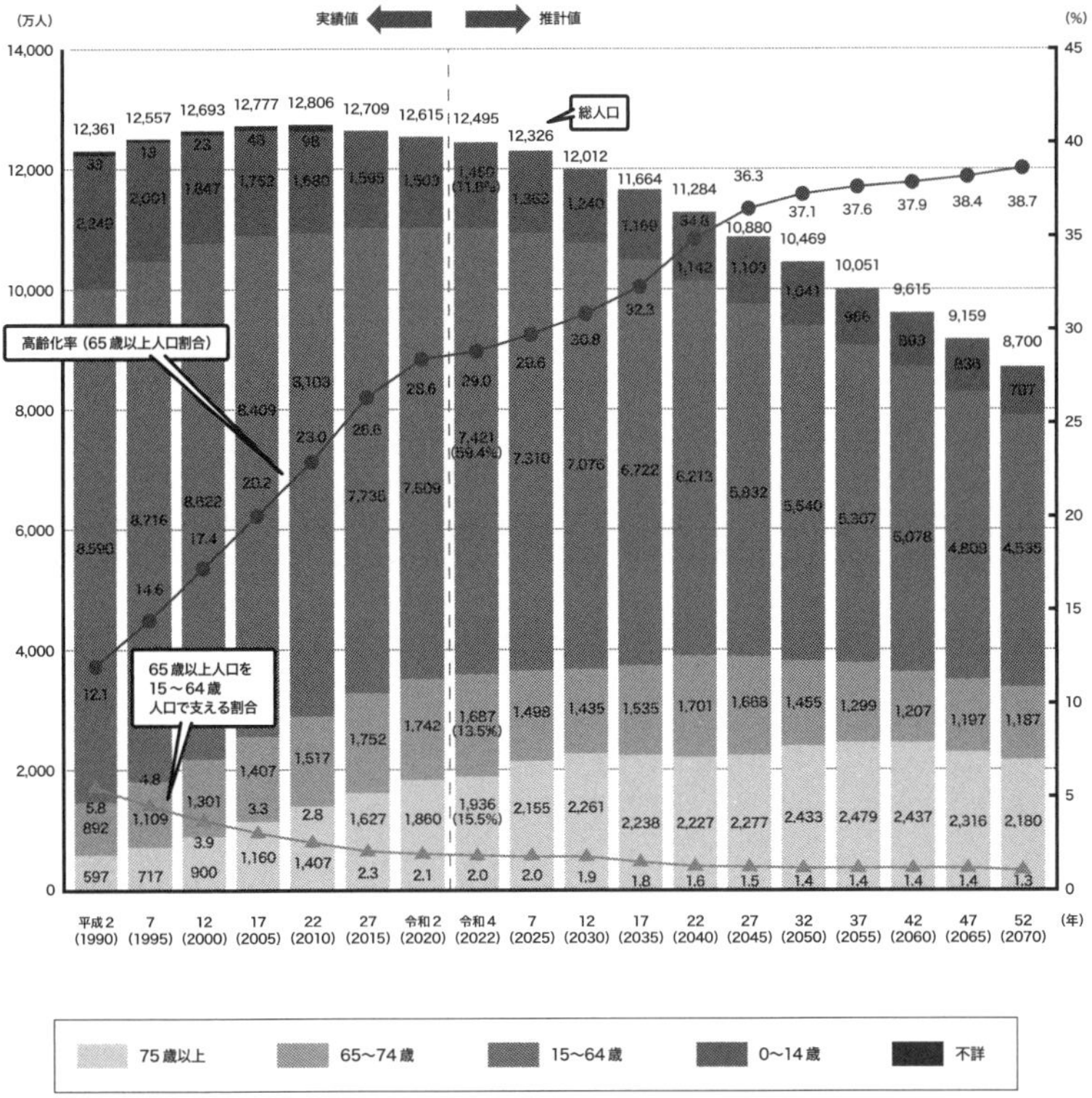

出典：内閣府「令和５年版高齢社会白書」

カーボンニュートラルを目指し、ビルの省エネ「ZEB化」対応は必須に

日本は2050年に温室効果ガスの排出量と吸収量を均衡させるカーボンニュートラルを目指すと宣言しています。2021年10月に政府が閣議決定した地球温暖化対策計画で、事業所ビルを含む業務部門でエネルギーを起源とする二酸化炭素排出量を2013年度比で51％削減する目標が設定されました。これを受けて環境省では既存のテナントビルに対してもエネルギー効率の高い設備の導入などでZEB（ゼブ）化を推進しています。

これは、快適な室内環境を実現しながら建物で消費する年間の一次エネルギーの収支をゼロにすることを目指した建物、Net Zero Energy Building（ネット・ゼロ・エネルギー・ビル）、略称ZEBの建物を社会全体で増やそうという取り組みです。したがって今後はビルに対しても単なる省エネルギーではなく、温室効果ガスを出さな

いような取り組みが、徐々に厳しく求められるようになります。

具体的には屋根や外壁、床などの外皮断熱の採用や、省エネルギー性の高いエアコンの導入、さらに室内照明でも節電効率の高いＬＥＤ照明器具の導入です。また、暗い場所で照明を点灯させる一方で、不要な場所の照明は自動的に消すことができる照度センサーなどを導入することでエネルギーロスを抑制し、光熱費の大幅削減を目指しています。

ＺＥＢの実現について環境省は、必ずしも先進的な技術を豊富に導入する必要はなく、むしろ既存の汎用的な技術をいくつも組み合わせて活用することによってＺＥＢ化が実現できる、と強調しています。建物を全面的に改築しなくとも、現状のままの施設の内部に備え付けられているエアコンを省エネ効率の高い機種にリニューアルしたり、従来型の照明設備を消費電力の少ないＬＥＤ照明にすべて入れ替えたりするだけで、温室効果ガス削減につなげることができます。

いずれにせよビル改修の際には、省エネへの対応が今後一段と厳しく求められるようになるのは間違いありません。ビルオーナー側は今後も省エネへの対応策について十分に考えておく必要があります。

急速に進化する可能性のある技術に関心をもつ

カーボンニュートラルの対応も含めて、ビルオーナーはこれからの技術的な進歩にも目配りしておく必要があります。直近15年ぐらいの間で、世の中を最も大きく変えたのは、スマートフォンではないかと思います。30年前にはスマホはもちろん、携帯電話もまだ普及していませんでした。今ではいつ、どこからでもインターネットに接続できることが当たり前となり、ビルに光回線や無線のW-i-F-i環境を導入したビルオーナーも多いはずです。どんどん高速化が進む通信環境への対応は、今後も必須の課題となります。

エネルギー関連についても、窓ガラスや壁面に貼るフィルムで太陽光発電ができるペロブスカイト太陽電池システムの普及が見込まれています。太陽光発電については、現状のパネル方式から大きく変わる可能性が高まっていて、何年か先にはビルの壁面すべてにペロブスカイト太陽電池が設置され、ビルで必要な電力のほとんどを賄えるようになる可能性もあります。今すぐにという話ではないとしても、次の世代、30年ぐらい先までを見通せば、世の中が大きく変わっている可能性は十分に考えられますので、ビル改修でもそうした意識をもつことは大切です。

SDGsの考え方に基づく改修も

「SDGs」という言葉を一度は耳にしたことがあるかと思います。地球温暖化に伴う気候変動だけでなく、貧困や紛争、感染症への対応など、人類は国境を越えた地球規模の問題に直面し、放置すればこのまま地球で生活し続けることが難しくなるという危機感が広まってきました。こうした状況を受け、2015年の国連総会で、世界の共通目標として「持続可能な開発目標」（Sustainable Development Goals）が加盟国の全会一致で採択されました。「誰一人取り残さない」をキーワードに、2030年までに達成すべき17の目標と169のターゲットが設定されています。

SDGsについての関心が国内でも高まるなか、テナントビルにもSDGsの考え方に基づいた改修方法が求められるようになっています。

例えば屋上防水の施工法は従来とは大きく変わりつつあります。

これまでは屋上防水工事の際は、既存の防水層をいったんすべてはがして撤去したうえで新たに防水層を施工していました。ところが古くなった防水層を撤去するとなると、大量のゴミが発生します。このようなゴミの発生はSDGsの観点からすれば、決して望ましいとはいえません。

最近では既存の防水層で傷んだ部分だけを撤去、補修し下地調整をしてから新規防水層を設けていき、問題ない部分はできる限り撤去せず、ゴミの発生量を可能な限り抑える「かぶせ工法」が採用されるようになってきています。かぶせ工法は、廃材などのゴミを少なくし、工事期間も短縮でき、コスト面でもメリットがあります。ただしこのかぶせ工法は既存の防水層に著しい劣化があると施工ができません。防水工事

撤去工法とかぶせ工法の比較

	撤去工法	かぶせ工法
騒音	×	○
作業性	×	○
防水性	○	◎
コスト	×	○
工期	×	○
廃棄物	×	○
工法の種類	○	△
重量	○	△

を先送りにしていると、かえってコストがかかる場合もあるため注意が必要です。

ＳＤＧｓ対応については、改修工事の際のゴミ処理も問われるようになっています。工事の際に出てくる金属ゴミ、具体的には鉄やアルミニウム、ステンレスなどをどのように処理するのか、ゴミとして処分するのではなく、資源として再利用に回すべきです。

ＳＤＧｓへの関心の高まりにより、企業の規模を問わずＳＤＧｓへの対応が求められているため、オフィスについても社会や環境への配慮は欠かせません。

ビルの緑化の落とし穴

緑化されたビルは、資産価値の向上を期待できます。屋上緑化については環境関連税制により、固定資産税の課税標準の特例措置を受けられる可能性があります。

緑化にはテナントに対する訴求力があります。同じような条件で複数の物件の中からの選択であれば、緑化されたビルを選ぶテナントは多いです。

しかし屋上庭園や壁面緑化を検討する場合、いずれも実施するためには専門的なノウハウが必要で、特に屋上緑化などは一見簡単そうに思えますが、緑化の程度により屋上の耐荷重を考える必要があり、ほかにも防水、メンテナンスなどまで踏まえた総合的なプランニングが必要です。

一方で手軽でありながら、テナントにリフレッシュ感を与えられるのがインドアプラント、すなわちビル内部での観葉植物の配置です。例えばエントランスまわりやロビー、共有スペースなどにグリーンを数多く配置するだけで、印象は大きく変わります。ただしインドアプラントについても、水やりや掃除などの定期的なメンテナンスについてはあらかじめきちんと考えておく必要があります。

マーケティングの視点で考えるエントランス改修

ビル改修の際に忘れてはならないのがエントランス、ビルの入り口です。いうまでもなくエントランスは来訪者に対してビルの第一印象を決める、ひいてはビル全体に対する印象を左右しかねない重要なポイントです。特にファッション関係の企業であれば、顧客を迎える際の企業イメージを重視するため、入居するビルのエントランスにもなんらかの魅力がないと、そもそも選択肢に入らなくなってしまいます。もちろん立地も大きなポイントですが、仮に青山などファッショナブルなエリアのビルで考えると、エントランスの見直しにより新たなテナント獲得の可能性が出てきます。

一般的なテナントに関しても、見た目だけでなく快適なエントランスは、さまざまなメリットを与えてくれます。例えばちょっとした共用スペースを設置して、そこでスタッフが休憩したり、あるいは顧客とのコミュニケーションに使ったりします。スペースの広さ次第で、ワークスペースにも使えるカウンターなどを設置するのも一案です。スペースによってはエントランスに待合エリアを設置するのも、来訪者に対して好印象を与えます。

セキュリティを高めるためのエントランスについても考える必要があります。また、日本が超高齢社会となっている現状を踏まえるなら、出入りに際してのバリアフリー対応も欠かせません。

エントランスを改修する際のポイントは、外部からの動線に基づいて考えます。まずはエントランスエリアに植栽や庭園エリアを配置するなど、緑や自然の要素を取り入れると第一印象を良くできます。あるいは壁面を改修して、アクセントとして少しデコレーションを施すのも一案です。

入り口のドアに使うガラスや装飾パネルなどのデザイン、エントランスエリアの照明も、印象を大きく左右します。

テナントを見極める

借り手にとっての価値を高めるための施策を考え、コストもそれなりにかけて改修したのに、そこに入ってきたテナントが何か問題を起こしたりすると、ビル全体の価値を落としてしまうリスクがあります。

借り手と貸し手の関係は、法的には借り手のほうが強いのです。仮に借り手がなんらかの問題を起こしたとしても、著しく信頼関係を破壊する行為でも起こさない限り、退去してもらうのは簡単ではありません。もちろん相手が反社会的勢力などであれば、退去させられます。しかし、そのような相手が最初から「私は反社ですが貸してもらえますか」などと言ってくるはずもありません。

そこで頼るべきは家賃債務保証会社です。家賃債務保証会社はテナントが家賃を支払わない場合に、その支払いを保証してくれます。したがってビルオーナーは安定的な家賃収入を確保できます。

家賃債務保証会社を通すメリットは家賃保証だけではありません。それはテナントの見極めによるリスクの軽減です。対象となるテナントの信用調査や経営状況についての評価をして、相手の信頼性を判断してくれます。この評価プロセスは素人には手の出せない部分であり、実績のある家賃債務保証会社なら各社が独自のノウハウをもっています。このような評価プロセスを通せば、より確かなテナントを選別できます。

エントランスの装飾は来訪者の印象を大きく左右する重要な要素となる

補完的な要素としては、テナントによる家賃未払い時の回収や空室リスクの軽減なども期待できます。

具体的には、万が一家賃の未払いが発生した際には、家賃債務保証会社が家賃回収にかかり、法的な手続きなどを代行してくれます。もちろん家賃債務保証会社も慈善事業を行っているわけではないので、利用に際しては所定のコストが必要となります。ただしビルオーナーの心理的な負担までを含むトータルなコストパフォーマンスを考えれば、家賃債務保証会社の活用は必須といえます。

２０２４年時点でのオフィスビルの需給動向を踏まえるなら、特に東京都内主要５区を中心として、借り手優位のマーケットが変化しつつあるようです。

コロナ前まではオフィスビルの需給状態はかなり逼迫《ひっぱく》していて、明らかに貸し手優位といえる状況でした。ところがコロナ禍により空室が増え、借り手優位に変化したといえます。

ビル改修を実施する際には、今後少なくとも30年ぐらいの長期での視点を持ち、需給動向をどのように見極めるのか、あるいは東京都内ならどのエリアで、どのような顧客がテナントビルの借り手となるのかについて考え、現状を踏まえつつ将来の展望までを考えた戦略的な思考を持つことが必要です。

第4章

“不要な工事”で余計な費用をかけない！ビル改修の資金計画とコストカットのポイント

ビルの改修費用についての考え方

管理を外部委託していて築30年近くになっているビルのオーナーには、まず自身のビルをきめ細かく見て回ることを私は勧めています。ビルの築30年は人間なら60歳ぐらいに相当すると私は考えます。ビルも経年に伴い「八大疾病」というべき外部の劣化症状が出始めます。

1. タイルのクラック（ひび割れ）
2. タイルの浮き
3. 外壁のひび割れ
4. 外壁のはがれ
5. 天井のはがれ
6. シーリングのひび割れ・劣化

7. 屋上防水の漏水・劣化

8. 鉄部のさび・劣化

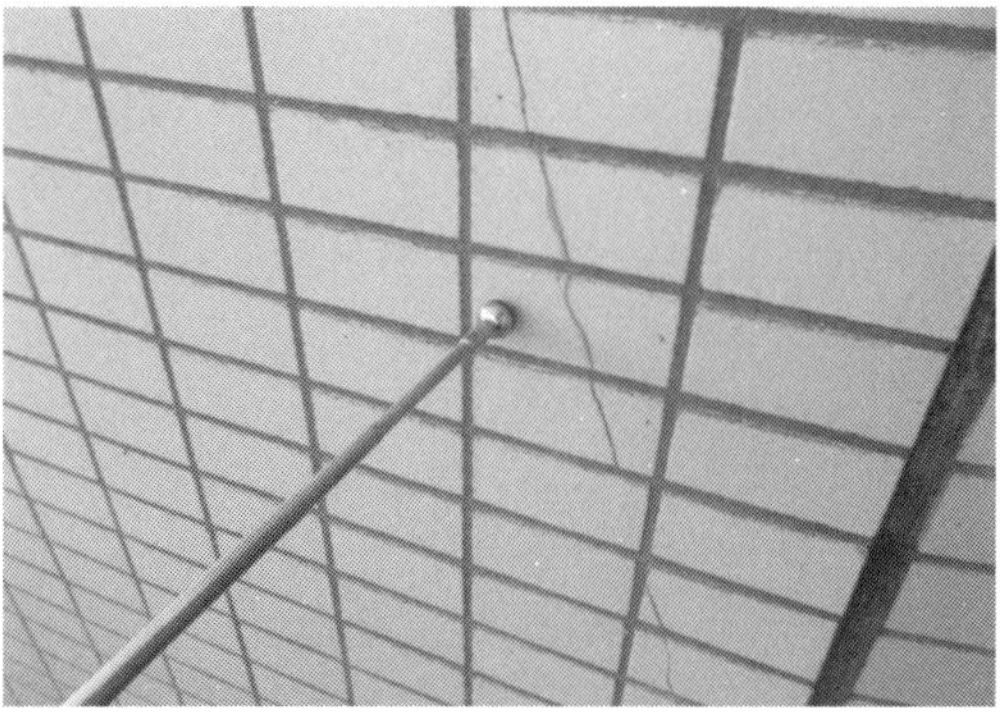

タイルクラック（上）と劣化した屋上防水（下）

いずれも素人が見て劣化がはっきりと分かる状態で、内部にはより深刻な病が潜んでいる可能性も高くなります。その分この病を「治す」費用も高くなるのは当然です。

ビル改修は、部分的な補修から修繕、改修へと規模が大きくなるにつれて必要な費用も増えていきます。そのため工事に備えて、多くのビルオーナーが積み立てなどの資金対策をとっていると思いますが、併せて税金対策も考えるべきです。大規模修繕や改修工事にかかる費用を減価償却費として計上し、損益通算すれば、節税にもつながります。

ここで修繕（補修）と改修で決定的な違いが出てきます。

修繕（補修）のうち、原状回復や建物の維持管理の範囲内のもの、費用がおよそ20万円未満のもの、工事周期の短いものなどは修繕費として計上します。また、改修とは、社会や時代の変化によって向上していく環境の水準に合わせて、初期性能よりも高い性能・機能を付加させることをいいます。このような付加価値を与えたり、固定資産の使用可能期間を延長させたりするような工事は資本的支出、要は減価償却費として計上します。

ビルの改修を行い建物の価値を高めた場合は税法上、新たな固定資産の取得とみなされます。したがって改修を施したあとの建物の耐用年数に応じて減価償却を行います。減価償却の年数はビルの構造や用途によって異なり、事業用の鉄骨鉄筋コンクリート造や鉄筋コンクリート造のビルであれば50年です。これに応じて資本的支出として減価償却する場合は、耐用年数に応じての償却となります。また、費用を借り入れで賄うとすれば、どれぐらいの返済期間を設定するのか想定しておく必要があります。もちろんビルオーナーの状況や相続人の有無等によっても変わってくるため、絶対的な正解というものはありません。

次の世代への相続を検討している場合、基本的には借り入れを残しておくと節税対策になります。なぜなら相続時に多額の資産をもっている場合、その資産は当然相続税の対象となり、改修によってビルの資産価値が増していたら、相続税が高額になるからです。借り入れを抱えている場合は、借り入れが資産から控除されるので純資産が少なくなり相続税も減免されます。

高額な相続税を子ども世代が支払うのは無理、となると選択肢はビルの売却しかありません。ところが、相続の時点で借り入れが残っていたら、相続税を抑えることができるだけでなく、子ども世代はビルを売却しなくても済むかもしれません。税金に関しては、税理士の意見を聞くことも良いでしょう。

改修費用の資金調達

改修費用の資金調達手段として考えられるのが融資、すなわち金融機関からの借り入れです。融資には公的融資と民間融資の2種類があります。

公的融資は国や自治体から受ける融資で、一番のメリットは借入時の金利が低いことです。その代わりに融資を受けるための手続きが煩雑で時間がかかります。基本的には財務省の所管する日本政策金融公庫が借り入れ相手となり、まず相談をしたあとに、企画書を作成して提出し審査に通過すると融資を受けられます。

一方の民間融資は、銀行や信託銀行、信用金庫など民間金融機関から受ける融資です。公的融資と比べると借り入れの申し込みはしやすいものの、条件や属性により保証人や担保を求められます。もちろん融資する側は営利目的であるため、借り入れ条件も公的融資より厳しくなる場合が多いです。

融資を受けるなによりのメリットは、現金の支出がなく多額の予算が確保できることです。改修工事のために多額の借り入れを行ったとしても、改修によってビルの資産価値が向上し、テナントに客付けをしやすくなり、空室リスクも低減でき、総合的に家賃収入の増加が見込めます。

また、改修費用は減価償却できるため、納税金額を節税する効果が期待でき、結果として手残りが増え、それを原資に借入金を返済することは十分可能であると考えます。

逆に費用がかかるからと言って補修レベルで抑えておくと、結果的には月々の家賃収入が減って、ジリ貧に陥るリスクも考えられます。築30年ぐらいを迎えているビルであれば、まず改修を前提として、どの程度の改修にするのか、改修によりどのようなテナントを呼び込めるのか、家賃収入と借り入れの返済バランスをどうするのかを考える必要があります。

一連のプランニングの際には、工事のことだけでなく、マーケティングや、資金調達の方法まで相談できる施工業者に依頼するとスムーズです。そのような業者の見つけ方は、まずは各業者のホームページをしっかりと読み込み、親身になって考えてくれる業者かどうか判断することが一番です。業者の選定は、少なくともさらに先までの資産運用を見据え、慎重かつ丁寧に検討していくべきです。

資金面から考える改修工事の依頼先

ビルの管理を管理会社に委託している場合でも、工事までその管理会社に任せるべきかどうかは一考すべきです。管理会社に依頼しても、実際に工事を行うのは別の下請け業者となるからです。施工業者を探す手間は省けますが、間に1社はさむことにより、中間コストがかかります。

大規模修繕工事や改修工事を検討している場合、工事費も高額になるため、業者選定一つで大幅なコストカットが可能となるのです。

また、改修を相談すべき相手は法律を熟知していることが大前提であり、できれば修繕や改修を、自ら専門として手掛けている業者が望ましいです。下請けに出すのではなく自社で工事をする業者であれば、中間コストが発生しないため不要なコストを削減できます。ちょっとしたトラブルでも気軽に相談できるような業者であれば、改修工事中のテナントへの対応なども安心して任せられます。ビルの寿命を長い年月もたせたいと考えるのであれば、長期での付き合いを期待できる業者を探したいものです。

改修を頼むべき相手の見極め方
その一、ホームページを活用する

施工業者を見極めるには、まずその業者のホームページを見るのが一番です。「ビル 改修 東京 港区」などのキーワードで検索をかけると、改修を手掛ける企業のホームページがヒットします。ホームページ一つをとってみても、その企業が対象としている顧客層や、その顧客に対して提供しようとしている価値、さらには実際に仕事を依頼したときの仕事ぶりなどをチェックできます。

Google検索の場合なら、上位に表示される「スポンサー」とタイトルが入っているサイトは広告記事です。スポンサーの表示が上位に表示されているサイトは、検索キーワードに近い内容である可能性が高いと、Googleによって判断されたものです。

ホームページ内に自社の工事の施工写真などがほとんど掲載されず経営理念や会社案内、会社の沿革、問い合わせ先ぐらいしか記されていない、素っ気ないホームページの企業は基本的に建設会社の下請けだったり、官公庁からの案件をメインにしていたりします。固定受注先があるのだから、わざわざコストをかけて立派なホームページを作る必要がないわけです。そのような会社は選ぶべきではありません。

注目すべき点は、ホームページが、ビルオーナーの悩みごとについて目を引くように書かれていて、悩みの解決策がきちんと説明されているかどうかです。ホームページのデザイン一つとっても、説明すべき内容が多いからといって、文字を詰め込むような見せ方ではなく、対象としているビルオーナーの年齢層を意識して、少し大きめの文字が使われていたり、ゆったりとしたレイアウトになっていたりするホームページもあります。こうして各社のホームページをいくつか見比べると業者探しの感覚はつかめるはずです。

併せて、ホームページなどを見れば社風やその会社の特徴が載っているはずなので、それらも重要な判断材料となります。

検索の際にもう一点重要なことは、必ずビルの所在地をキーワードに含めることです。例えば東京23区内なら中央区や港区など所在地の区名を入れます。それ以外の都市なら市名を検索ワードに加えます。

所在地を含む検索をすれば、対象をある程度近場の業者に絞り込めます。いくら安さを売りにしていても、遠方の業者に頼むべきではありません。

例えば、都内には支店だけを設置していて、本拠地は他府県という業者もあります。ビル改修案件の件数を考えれば、圧倒的に多いのは東京都内です。だからホームページ上では「都内対応可」などとしておき、都内の連絡先の電話番号などを記載するのです。

ただし連絡先が都内だとしても、本拠地が別の場所であれば、実際に工事を行う際はその事業者が本拠地から出張してくるか、あるいは都内の提携業者への依頼となります。出張する場合はその分交通費や宿泊費などのコストが追加で必要となるはずです。それでも安価な場合は、どこかでコスト削減をして採算を合わせていると考えられます。提携業者に丸投げする場合でも、自社のマージンを確保したうえでの発注となりますから、提携業者は中抜きされた分を差し引いた受注金額での工事請負となります。したがって、この場合でもどこかでコスト削減を行う可能性が高くなります。依頼する相手がある程度近場の業者であれば、コストに十分に見合うだけの工事内容を期待できます。

また、地域ごとに異なる条例や規制に精通しているので、法を遵守する意味でも安心して任せられます。資材調達についても基本的には近場の材料問屋からの仕入れとなるため納期短縮はもとより資材の輸送コストも最小限に抑えられます。

改修を頼むべき相手の見極め方
その二、大手＝安心ではない

30年先を見越したビル改修を依頼する際には、長期修繕計画表を作ってくれるかどうかも、業者を見極める重要な、あるいは決定的ともいえるポイントです。

ビルは各部分に耐用年数が定められ、これに基づけば、仮に30年先を一つの区切りとして考えたときに、いつ・どの部分に・どのような修繕が必要になるかがあらかじめ想定できます。今回の改修工事ではどこまでの工事を行うのかを明確にしているからこそ、次の30年間で必要な工事と不要な工事を区別できるのです。

また、将来会社として永続する可能性が高いからといって、安易にゼネコン系の建設会社に依頼するのは得策ではありません。企業規模が大きくなるほど付帯経費も膨らんでいくからです。ゼネコン系の建設会社が中小規模のビルの改修を受けてくれたとしても、どうしてもコストが高くならざるを得ません。そもそも、ゼネコン系だからずっと安泰とは今どき誰も考えません。

同様に、中小規模のテナントビルの改修を、大手デベロッパー系建設会社に依頼するのが賢明かといえば、それも違うと思います。

大手デベロッパー系建設会社の案件では、ゼネコン系建設会社の案件と同様に下請けが担当します。それも案件の規模によっては、孫請け、ひ孫請け以下にまで仕事が分担されるケースもあります。

たとえ総額が大きくても孫請けレベルになると中間コストにより工事内容と工事金額のバランスは悪くなり、資材のコストを削ったり、作業の手抜きなどが起きたりします。つまりこのようにコストが膨らみがちになる仕組みで動いている大手デベロッパー系建設会社では、そもそも予算規模の異なる中小規模のテナントビル案件の受注自体が難しいのです。

現実的には、大手以外の施工業者に頼むことをお勧めします。その際に実力を見極めるためのふるいとなるのが、長期修繕計画を立てられるかどうかとなるわけです。社員の年齢構成についても企業の実力を判断する参考資料となります。理想は社歴がある程度ありながらも、若手社員が多い企業です。

若手社員が多く、これまで長年事業を継続してきたのであれば、それだけの信頼と実績があると考えられます。つまり長年の実績がありつつも若手社員がいて、これまでのノウハウがしっかりと次世代に引き継がれているから、この先も安心して任せられるということです。

改修を頼むべき相手の見極め方
その三、見積もりと追加費用

ある程度近場の業者で、実力もあって安心して任せることができそうなレベルにあり、活気もありそうだ——そんな業者が見つかれば、まずは改修工事についての要望と大まかな予算を伝えて、見積もりを出してもらうと良いでしょう。

見積もりを取る際に避けたほうが良いのが、外壁調査専門などとアピールしている業者です。もちろん外壁調査専門の業者がすべてだめという話ではありませんが、実際に現場で工事を担当する業者と、自分たちで作業に携わるわけではない調査会社では、例えばタイルの軽微な浮き一つとっても判断基準が異なってきます。

具体的にタイルの浮きへの対応として、修繕や改修の専門業者の場合は、まずビルオーナーの意向を踏まえたうえで、長期修繕計画も参照しながら工事内容を考えます。一方、調査会社の場合は、ビルオーナーのためには可能な限りコストを抑えた結果を出してあげたいと、当然考えます。

そうなると、わずかなタイルの浮き一つ取ってみても、30年先を見据えた改修を考える場合、将来に備え見逃すべきではないと判断するケースがあります。このように、未来を見据えた判断基準をもっているからこそ、長期修繕計画を作成できるのです。実際に具体例を挙げれば、あるマンションの外壁修繕で、調査会社が出した数量の6倍ほどのタイル張り替えが必要となったケースもあります。逆に、調査会社によっては工事をする必要のない箇所まで指摘し、とにかくあら探しにこだわる場合もあります。

なぜ、調査会社によってそのような違いが出るのかといえば、調査会社は基本的に実際の工事を担当しないからであり、さらには何の公的資格も求められないからです。

まずは安心できそうな業者を見つけて、簡単な調査と見積もりを依頼します。そのうえで予算との食い違いがある場合には、長期修繕計画も見据えたうえで、相談をしながら改修工事を進めていきます。このようなプロセスが望ましいと考えます。

改修工事のコストカットポイント
その一、足場に注目する

次は、改修工事を行う際にコストカットできるポイントを説明します。テナントビルの改修工事では、基本的に足場が必要となります。作業員の安全を確保しながら作業効率を高めるために足場は欠かせませんが、その足場一つとってもコストが変わってきます。

そこで業者選びの際の基準として考えられるのが、自前の足場をもっているかどうかです。自社で工事までを請け負う業者であれば、足場を自前で用意しているはずです。自前でない場合は、足場材のリース代がかかってきます。

建設業界には一種独特ともいえる考え方がはびこっています。それは工事現場こそが、自社をアピールする場であるというものです。確かに中小の業者が派手なテレビコマーシャルを作って放映しても、基本的に費用対効果などありません。ブランド訴求をするのは、最終的にマンションを一般の人に買ってもらわなければならない、デベロッパーくらいです。

とはいえ、少しでも自社の存在を知ってほしいと考えるのも、理解できる話です。そこで何をするかといえば、仮設足場に予算を費やし、見栄えを良くして自社をアピールするのです。

大手ほど、仮設足場の美しさ＝会社のイメージと、見栄えにこだわります。そのために、工事現場ごとに白い仮囲いのパネルや折りたたみ式の朝顔など見栄えにこだわったコストの高い足場材をリースで借りてくるのです。

仮設足場は作業には欠かせないものですが、工事が終われば用済みとなり解体されます。つまり改修後のテナントビルに対して足場は何の付加価値ももたらしてはくれません。そのような足場にコストをかけるのはナンセンスです。

だからこそコストパフォーマンスに秀でた施工業者であれば、足場材は自前で整備しておき、それを使い回すことで足場の工事費をカットできるのです。

もちろん作業員の安全性を確保することはいうまでもない大前提です。各社それぞれに考え方が異なるので、足場に費用をかけることを全否定するつもりはありませんが、個人的にはメリットはないと思っています。

改修工事のコストカットポイント
その二、現場事務所は必要か

無駄なコストをかけないためのポイント、その二は現場事務所です。おそらく都内のビルでは、よほど敷地に余裕のあるケースしか現場事務所の設置は考えられませんが、都心部以外では設置しているケースもありますし、マンションの大規模修繕などでは近年当たり前のように設置されています。

そもそも現場事務所は、プロジェクト管理のために設置されます。すなわち現場監督が常駐し、改修工事の進み具合をチェックして、遅れなどがあればフォローします。

あるいは職人など作業員の休憩場所や、資材置き場として使われたりもします。時には仮設のプレハブ事務所をクレーンでつり上げて建物の屋上に設置したり、近隣の賃貸マンションの一室を期間限定で借りたりするケースなどもあります。

これらはコストアップの要因となります。よほど煩雑な管理が必要であったり、大人数の作業員を要したりする工事でない限り、わざわざ事務所を設置する必要はありません。

実際には現場事務所よりも、切実に必要なのが資材を置いておく場所です。保管場所としては、工事現場内の一角や、仮設倉庫、賃貸倉庫等があります。

現場内に保管できれば、最も作業を効率的に進めやすいですが、都内のテナントビルなどではスペースが限られるため、場所を確保できない場合があります。その際には屋上に仮設の簡易収納倉庫などを設置するケースもあります。この現場事務所の問題は、現場監督の常駐問題とも関連します。

改修工事のコストカットポイント
その三、現場監督は常駐すべきか

現場事務所と同様に現場監督の常駐に関しても、よほど複雑な管理を要する工事でない限りは不要と考えます。もちろん現場監督の常駐が、無駄だとか無意味というわけではありません。万が一、なんらかの問題が発生して監督の判断を仰ぐ必要がある場合などは、現場に監督が常駐していればただちに判断を下せます。

しかし現場から近い地元の業者であったり、緊急連絡体制が整ったりしている場合は、必ずしも常駐管理を必要としません。にもかかわらず常駐管理さえしていれば、質の高い工事が保証されるとよく勘違いされがちです。

ここでもコストパフォーマンスを意識して考えてみると、答えは明らかです。中小規模のテナントビルの改修工事の場合は、現場で作業する職人の数は限られており、工期も半年を超えるケースはそれほど多くありません。したがって、巡回による管理

おびただしい数の鉄筋の露出

で十分なのです。

ビル改修工事で発生する追加費用に注意

ビル改修の際には契約時の見積金額に加えて追加費用が発生するケースがあります。それは実際に工事を始めて外壁調査をした結果、当初の想定より劣化の激しい場所が多く見つかる場合です。

見積もり作成時は、目視や手の届く範囲の打診により建物の状態をチェックします。仮設足場が建つと、細かなチェックが行われ見積もり作成時では発見できなかった小さな破損や不具合が判明します。そのため、想定した以上の作業が必要となることがあり、追加費用が発生することになるのです。逆に想定より少ない場合や不具合が少なかった場合などは、見積金額から減額されます。

見積もりは外壁をはじめとして、基本的に外部からの目視確認に基づいて計算されます。そのため、実際に工事が開始され、足場を仮設し、本格的に調査を始めると、工事前では確認できなかった外壁補修の追加や設備部品交換などの追加工事が必要となるケースもあります。

築30年を経過しているビルでは、どうしてもさまざまな箇所で経年劣化が起きています。だから、この先の30年を見通した改修の際には、できる限り精緻なチェックと補修を行うことが理想です。ここで手を抜くと想定より早くいろいろな所で不具合が出てきて、長い目で見ると工事費用が高くついてしまいます。

第5章

改修後の
アフターメンテナンスは不可欠
ビル改修後も資産価値を長く
維持するために

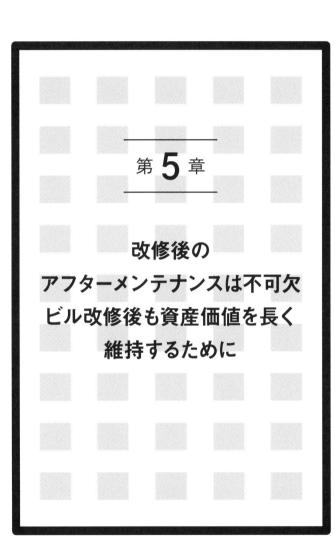

改修工事終了後に必要なこと
その一、入念な竣工検査

改修工事がひととおり終わると、工事業者側での検査を経て、足場を解体する前に施主による検査を行います。この施主検査とは、改修工事が契約どおりに行われているかどうかを確認するための重要な検査です。

検査では、工事の責任者と一緒にビルオーナー自らが、施工箇所を一つずつ確認しながら、屋上から下階までチェックしていきます。施工箇所が契約書どおりに完了しているか、施工箇所に塗装のムラや汚れなどがないか、作業時に一時撤去したものがあれば完了後に元通りに戻されているか等を一つずつ確認していきます。

施主検査は、足場上の高所での確認も必要なため、状況に応じてビルオーナー自らではなく外部の専門家に依頼するのも一案です。ただし外部専門家を選ぶ際には、施工業者とは利害関係のない第三者に依頼することが鉄則です。

竣工検査および引き渡しを終えると外壁補修図面、施工写真、使用材料一覧表、施工計画書、工事保証書などをまとめた工事完了報告書が発行されます。この中でも、特に工事保証書を確実に保管するよう注意する必要があります。なんらかの瑕疵《かし》が見つかった場合に工事保証書があれば、施工会社やメーカーに無償で対応してもらえます。

またこれらの書類を一式まとめて保管しておくと、次になんらかの修繕を行う際に役立ちます。

改修工事終了後に必要なこと その二、自主点検

信頼できる業者に依頼して行った改修工事でも、工事完了後になんらかの不具合が

発生するケースがあります。その際にはまず施工業者に連絡して対応を求めます。ビルオーナーは改修工事を行った業者から、保証書とアフターメンテナンスの計画の書類を受け取っているはずなので、内容を確認して対応してもらいましょう。万が一、保証期間やアフターメンテナンスの計画が終了していても、不具合が発覚した場合、対応してくれる可能性があるので、まずは施工業者に対応を求めることが大切です。

ビル改修や修繕工事後の不具合は、工事終了直後よりも、数年後に発生することがあります。工事終了直後は施工業者が点検しているので不具合はないと思いがちですが、経年変化とともになんらかのトラブルが発生するのはやむを得ないともいえます。そのような不具合の芽を、できるだけ早い段階で見つけて、可能な限り保証期間内に施工業者に対応させるためには、定期的な自主点検とメンテナンスを行うべきです。

改修工事終了後に必要なこと
その三、定期的なメンテナンス

30年先まで見据えた改修工事を行ったから、その後はなにもせずに放置しておいてよい、などと考えるビルオーナーはいないと思います。改修と修繕は基本的に別物として考える必要があり、大規模修繕は15年ぐらいの周期で実施する必要があります。また大規模修繕を行う前にも、適切な時期にメンテナンスを行っておけば、ビルの劣化を最小限に抑えられます。日当たりの良い屋上、バルコニー、外壁などは劣化が思いのほか速く、メンテナンスを怠ると結果として高くつく場合もあります。

改修工事後の保証期間の満了に応じて、必要な箇所を点検し、保証内容に該当する不具合が起きている場合は、無償で対応してもらえるはずです。このような対応を確実にしてもらうためにも、工事完了後に受け取る保証書や契約書類の内容をきちんと理解しておく必要があります。

改修後の瑕疵保証の期間は、工事を行った箇所や使用した材料によって変わってきます。ビルの各箇所についての保証期間や定期点検のタイミングを確認して、それらのメンテナンスに関する情報は、必ず次の世代に引き継いでおくような心がけが大切です。

改修工事終了後に必要なこと
その四、工事完了報告書の確認

改修工事が完了した段階で工事完了報告書がつくられます。これは工事完了図書とも呼ばれる、工事完成に伴い引き渡しのときに提出されるもので、次の書類が含まれます。

①工事完成届
②竣工（完成）図面および仕様書
③工事施工計画書および工程表
④外壁補修図
⑤検査実施記録
⑥工事記録写真
⑦使用材料一覧表
⑧お知らせおよびアンケート
⑨アフター点検表
⑩保証書および出荷証明書
⑪打ち合わせ議事録

一連の工事完了報告書をチェックして、必要な項目についての記載漏れがないかを確認します。工事期間中ビルオーナーが現場に張りついて、工事の全プロセスをくまなくチェックするのは不可能であり、確認できるのは工事前と工事後もしくは工事中の要所などに限られます。そのため工事完了報告書をチェックして、工事の品質を確認する必要があります。つまり工事完了報告書を見れば、施工業者の仕事の質を確認できるのです。工事完了報告書は、施工業者の仕事の質が顕著に表れる書類なので、工事を依頼する前に、他現場の完了報告書を見せてもらうのもよいと思います。

工事完了報告書の肝ともいえるのが工事写真です。書類は工事終了後にいくらでも訂正や補足ができますが、工事期間中の写真にはできません。したがって施工業者は、着工前の状況から完成に至るまでの施工状況や経過の様子、使用材料などをきめ細かく写真撮影して記録に残さなければなりません。

工事完了報告書

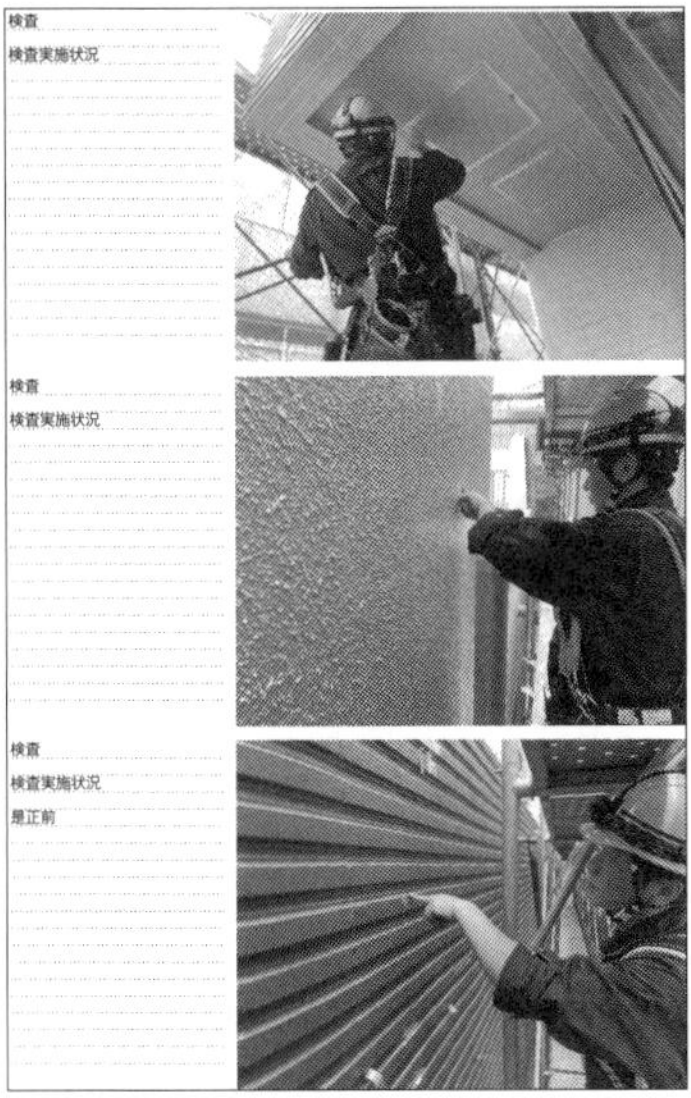
検査
検査実施状況
検査
検査実施状況
検査
検査実施状況
是正前

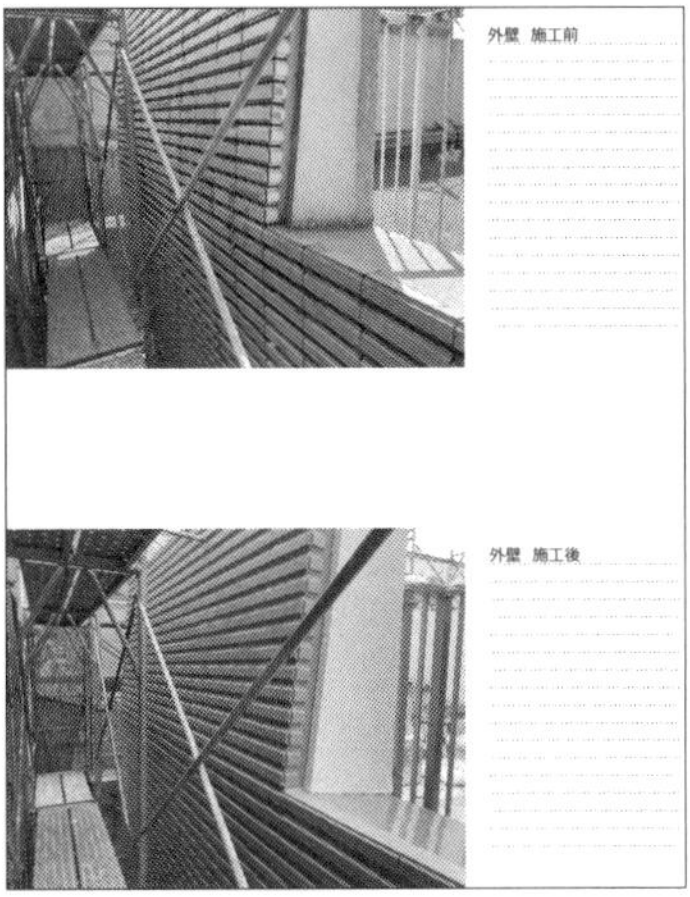
外壁 施工前
外壁 施工後

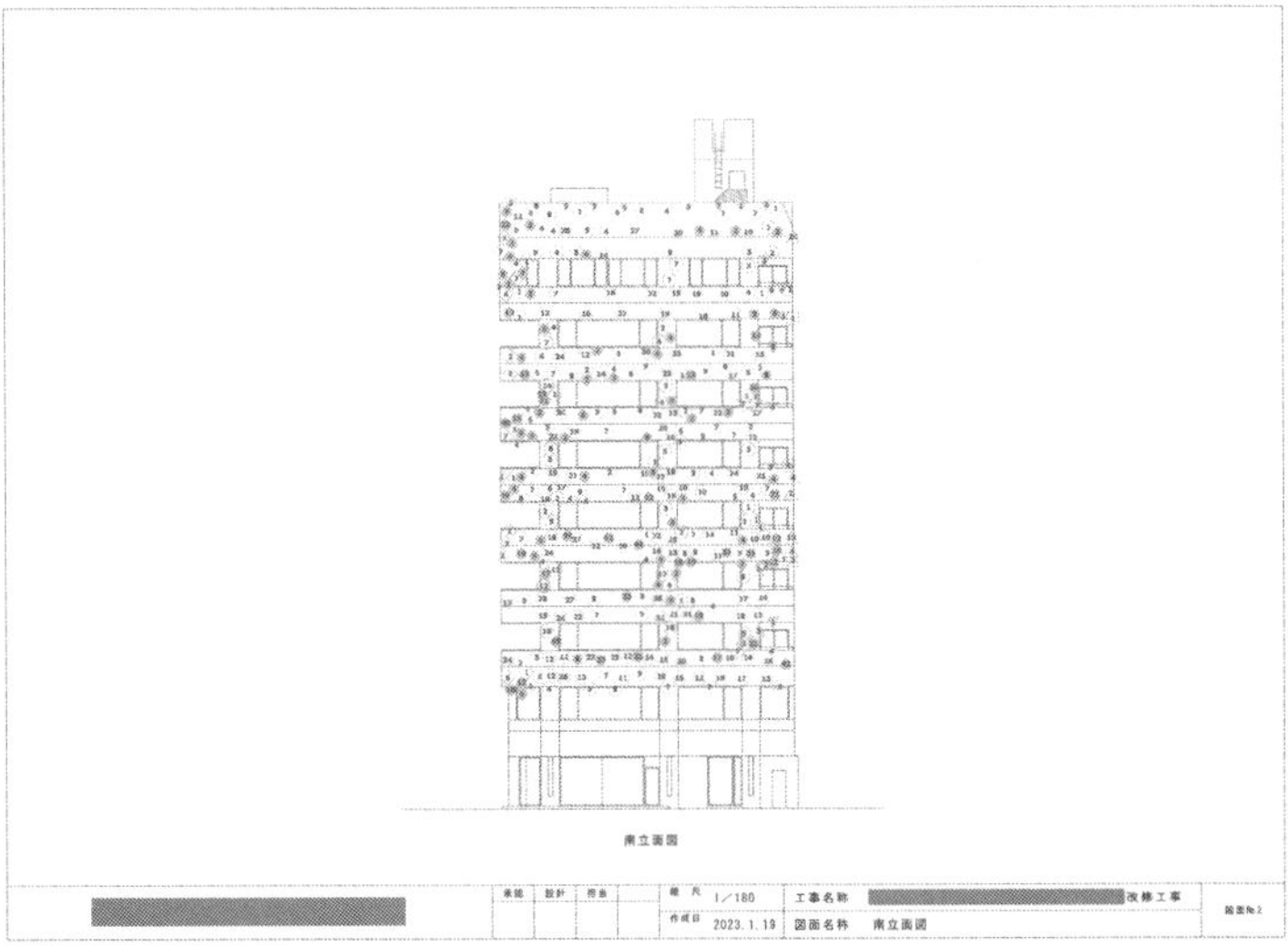
南立面図
承認
設計
担当
縮尺
1／180
作成日
2023.1.19
工事名称
[redacted]改修工事
図面名称
南立面図
図面№2

工事完了報告書

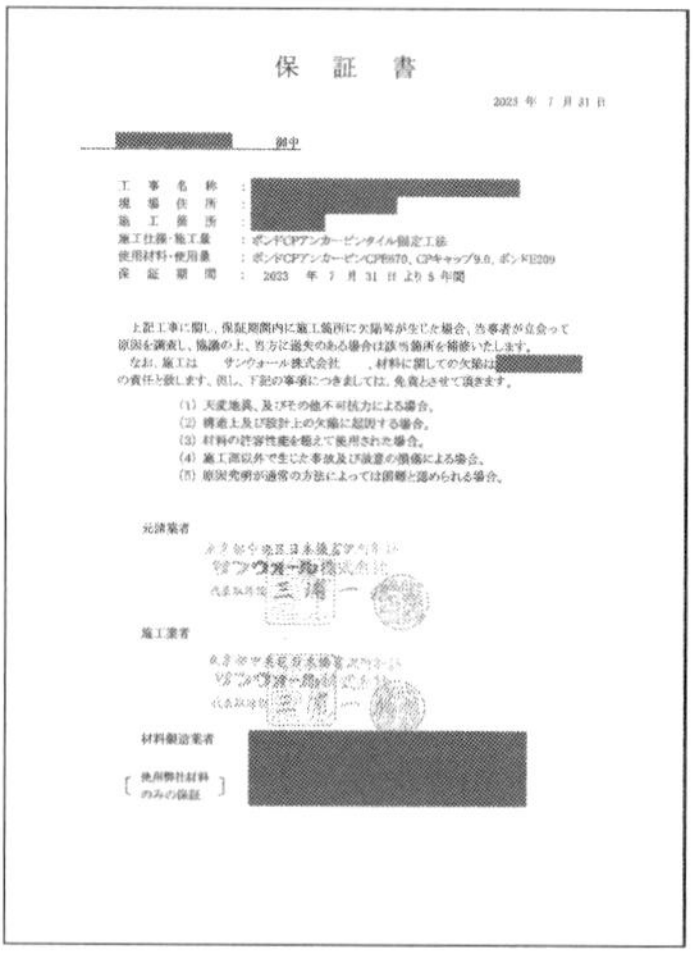

保　証　書

2023 年 7 月 31 日

[redacted] 御中

工事名称	： [redacted]
現場住所	：
施工箇所	：
施工仕様・施工量	： ボンドCPアンカーピンタイル固定工法
使用材料・使用量	： ボンドCPアンカーピンCP8670、CPキャップ9.0、ボンドE209
保証期間	： 2023 年 7 月 31 日 より 5 年間

上記工事に関し、保証期間内に施工箇所に欠陥等が生じた場合、当事者が立会って原因を調査し、協議の上、当方に過失のある場合は該当箇所を補修いたします。

なお、施工は　サンウォール株式会社　、材料に関しての欠陥は[redacted]の責任と致します。但し、下記の事項につきましては、免責とさせて頂きます。

（1）天変地異、及びその他不可抗力による場合。
（2）構造上及び設計上の欠陥に起因する場合。
（3）材料の許容性能を超えて使用された場合。
（4）施工部以外で生じた事故及び故意の損傷による場合。
（5）原因究明が通常の方法によっては困難と認められる場合。

元請業者

サンウォール株式会社
三浦一

施工業者

サンウォール株式会社
三浦一

材料製造業者

［使用弊社材料のみの保証］ [redacted]

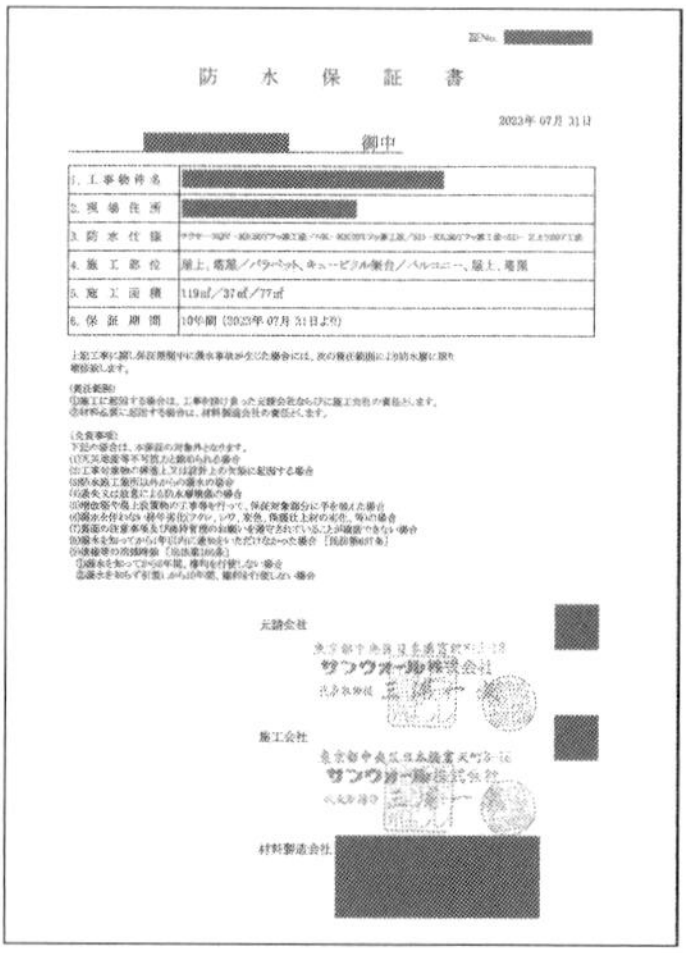

証No. [redacted]

防　水　保　証　書

2023年 07月 31日

[redacted] 御中

1. 工事物件名	[redacted]
2. 現場住所	[redacted]
3. 防水仕様	[illegible]
4. 施工部位	屋上、塔屋／パラペット、キュービクル架台／バルコニー、屋上、塔屋
5. 施工面積	119㎡／37㎡／77㎡
6. 保証期間	10年間（2023年 07月 31日より）

元請会社

サンウォール株式会社

施工会社

サンウォール株式会社

材料製造会社 [redacted]

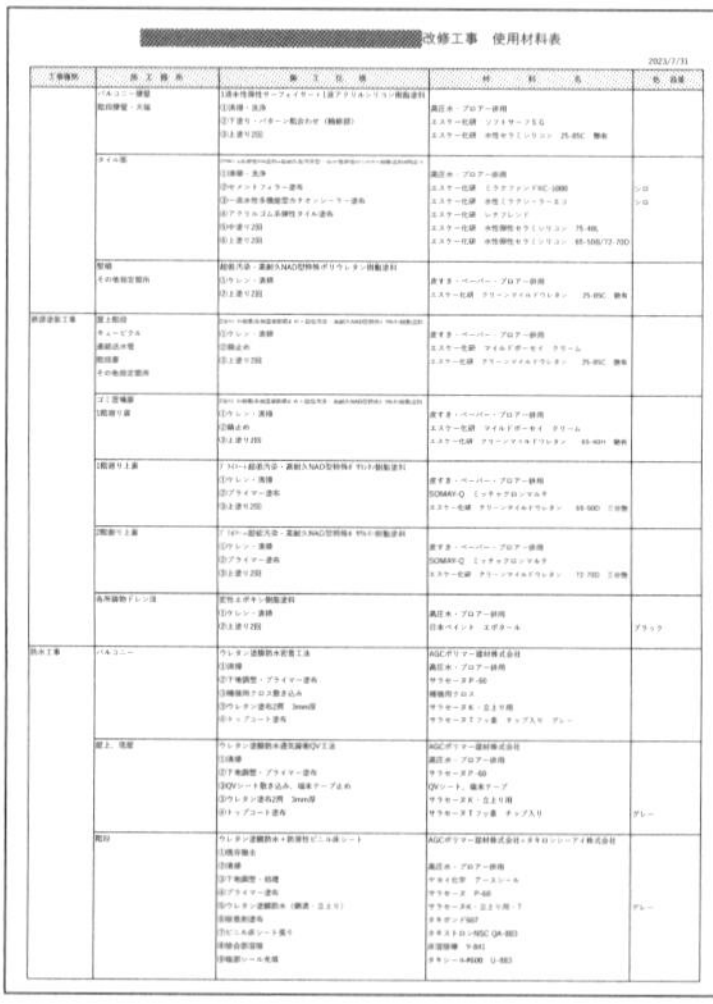

[redacted]改修工事　使用材料表

2023/7/31

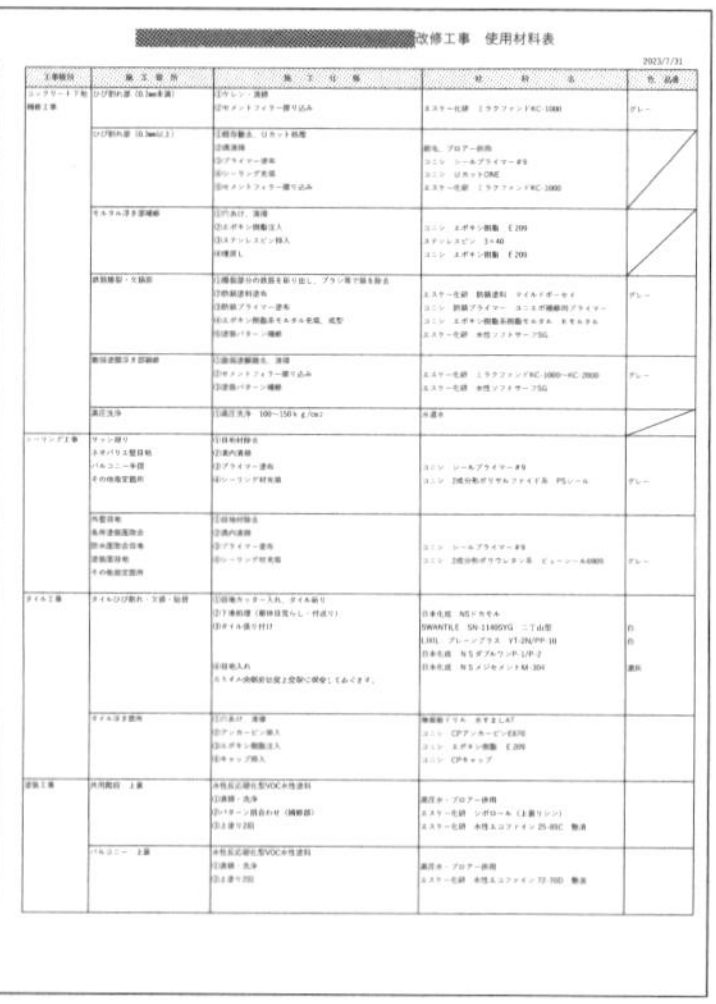

[redacted]改修工事　使用材料表

2023/7/31

この工事写真を見れば、工事に逐一立ち会えないビルオーナーも、仕様書で指定された材料が使用されているか、あるいは指定工法によって施工されているかどうかを確認できます。万が一、工事完了後になんらかの瑕疵が見つかった場合でも、工事写真を調べていけばその要因を検証できる場合もあります。

工事完了報告書は必ず、正・副の2組を作成し、ビルオーナーが正、施工業者が副を保管します。

ビル改修工事の保証書

改修工事を行ったあとには、工事内容に応じた保証書が発行されます。保証期間や保証の条件は、工種により異なり次のように定められています。

工事種別	保証期間
・タイル張り替え工事	5年
・タイル注入工事	5年
・外壁剥落防止工事	10〜20年
・下地補修工事	5年
・内外壁塗装工事	5年
・鉄部塗装工事	2年
・屋上防水工事	10年
・バルコニー防水工事	5〜10年
・シーリング工事	5年
・その他工事	1〜10年

この保証書に基づき、保証期間内に瑕疵による不具合などが発生した場合は、無償で補修を受けられるのです。

例えば外壁塗装工事や鉄部塗装工事などの塗装工事については、塗料の種類や塗装部位に応じて、塗膜保証を付した保証書が発行されます。これにより保証期間内に瑕疵による塗膜の著しい変退色、剥離、腐食などが発生した場合は、無償で補修を受けられます。ただし使用する塗料や部位により保証年数は変わってきます。

また、屋上防水工事、バルコニー防水工事、シーリング工事などの防水工事については、防水工事の工法や部位に合わせた保証書が発行されます。これにより保証期間内に瑕疵による漏水が発生した場合には、無償で補修を受けられます。

ただし塗装と防水のいずれについても、不具合箇所が、天災地変などの不可抗力によると認められる場合や過失または故意による場合などは保証対象外となります。

保証書は施工業者とメーカーの連名によるものを求める

各種工事には保証書が発行されますが、この保証書は2種類あります。それは施工業者のみの保証書と、工事に使用する資材などのメーカーと施工業者が連名で発行する保証書です。もちろん理想はメーカーとの連名の保証書です。

メーカーとの連名保証書が発行されている場合、防水施工箇所から漏水や不具合などが発生した場合には、施工業者とメーカーの双方による検証が行われ、原因を特定したうえで補修工事を受けられます。また、保証書発行の段階で、施工業者とメーカーによるダブルチェックが入っているので、そもそも瑕疵そのものが発生しにくいのはいうまでもなく、万が一、瑕疵が起こった場合でも、より的確な対応を期待できます。

ただしメーカーとの連名保証書が発行されるためには、次のポイントが求められます。

1. 下地の状況に適した工法で工事を進行すること
2. メーカーの規定どおりの工法、工程に従うこと
3. メーカーの仕様書で規定された数量を使いきること
4. 保証書を発行できる施工業者であること

この規定に従わない場合は、メーカー連名の保証は得られません。テナントビルの改修工事では、基本的にビルオーナーと施工業者の間で直接契約を結ぶ責任施工方式で工事が行われます。この場合、上記の工程を踏まえずに施工業者が独自の工法で工事を行うと、メーカー連名での保証書は発行されません。

あらかじめ工事発注時に施工業者に対し、メーカー連名の保証書を求めるとはっきりと伝えておくことが大切です。

タイル注入保証書

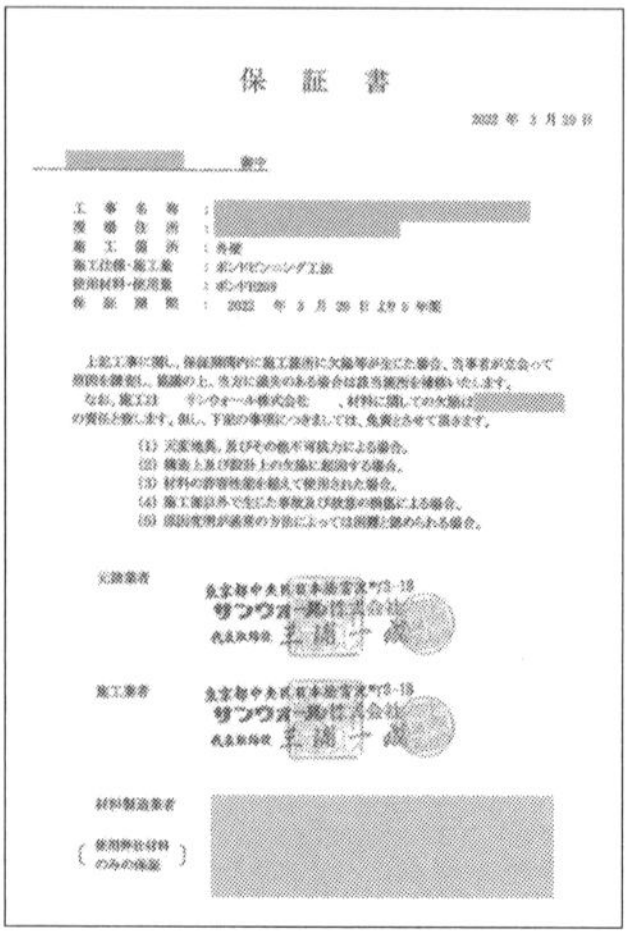

鉄部塗装保証書

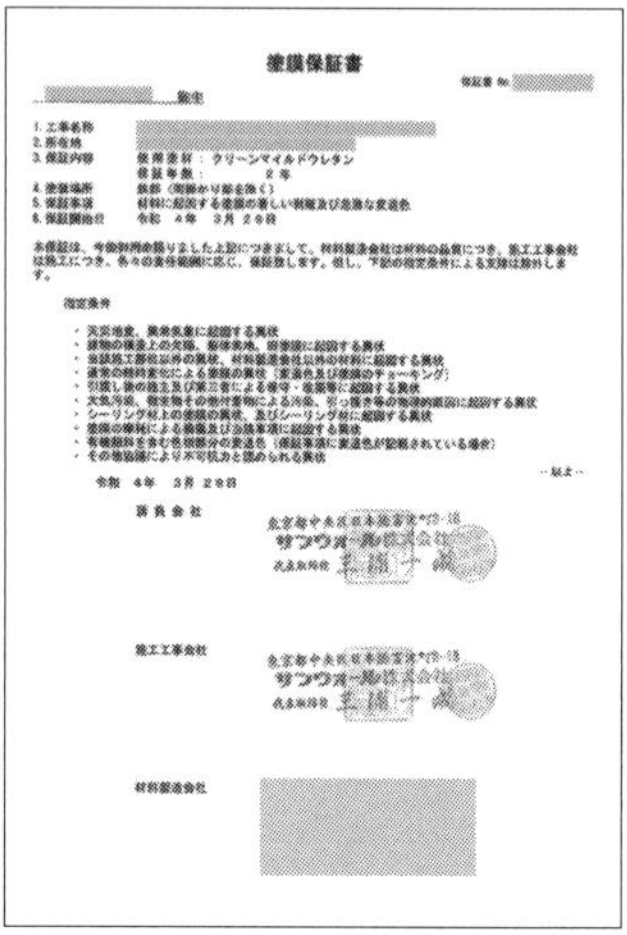

材料出荷保証書

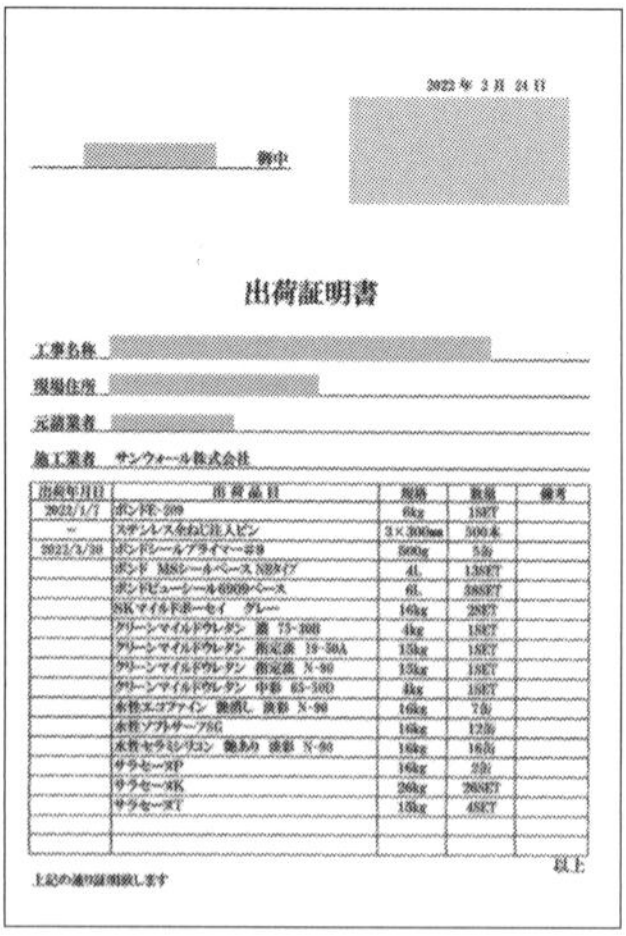

カーボピンネット保証書

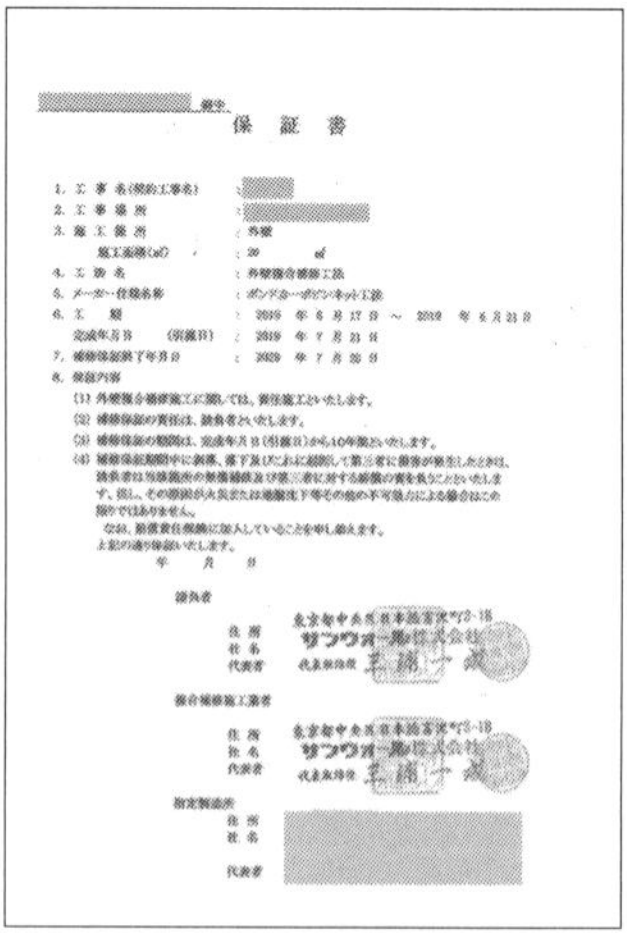

ビル寿命100年を目指して

コンクリート造の建物の寿命はおおよそ100年ほどだと私は考えています。

実際に長い年月生き残ってきたコンクリート造の建物として有名なのは、長崎県の端島（通称軍艦島）に建つアパート群です。

なかでも島で最古のコンクリート造のアパートが建てられたのは1916（大正5）年、今から100年以上も前です。

ビル改修に携わっている私は、軍艦島の建物こそコンクリートの頑健さの象徴ではないかと思います。軍艦島というぐらいですから、海に囲まれた島に建てられています。そのため、常に塩分を含んだ水気にさらされ、台風の直撃も受けていたはずです。そんな過酷な環境にありながら、1974年に炭鉱が閉鎖されるまでピーク時に5000人を超える人が暮らすことができたのはコンクリート造だからこそでしょう。

軍艦島の建物について、どれぐらいの周期で、どれほどの修繕が行われていたのかは分かりません。戦時中などに定期的なメンテナンスなどが実施されたとは考えにくいでしょう。それでも大正期に建てられたビルが常に潮風を受けながら、少なくとも60年ぐらいは人が住むことができる状況だったというのは驚きです。

軍艦島の事例を踏まえるなら、コンクリート造のビルは定期的にメンテナンスさえしておけば、まず１００年はもつことができると考えられます。

最近では一般住宅でさえも「百年住宅」をアピールするハウスメーカーが出てきています。ヨーロッパやアメリカの建物を見ても、築１００年以上の建物が普通に現存して使われています。海外では、ヴィンテージ住宅ほど価値が高くなる傾向がありますす。日本でもそんな建物が増えることが私の望みです。

築後30年ぐらい経過していたら、おそらく新築時に受けた融資も返済し終わっている頃だと思います。そこで、改めて融資を受けてビルを改修することで新たな価値を加える選択肢を考えてみてもよいと思います。

建物の寿命が１００年であるとすれば、今の日本に残っている建物は適切な時期に適切なメンテナンスを行うことで、まだまだ活用の余地はあるはずなのです。

おわりに

建物やビルの寿命は100年。これが私の考えです。もっとも、国土交通省の資料によれば、鉄筋コンクリート造の建物の耐用年数は120年であり、外装仕上げにより150年まで延命すると記されています（大蔵省主税局〈1951〉「固定資産の耐用年数の算定方式」）。ちなみに減価償却で考えれば、耐用年数は50年と定められています。

だとすれば減価償却が終わったビルを活用できれば、どれだけのメリットが生まれるでしょうか。それなのにビルの新築時に50年先までを考えるオーナーは、おそらく少数派だと思います。だからこそビルオーナーの皆さんにはぜひ、いま一度自分が持っているビルの将来的な価値を考えてほしいと思います。

もちろん、建物そのものは100年以上もつとはいえ、定期的に修繕をしないといろいろな所が傷んでくることも事実です。だからこそ修繕は欠かせないのです。修繕を定期的に行うという前提に基づいて、本書で提案してきたのが改修工事です。

ぜひ30年程度を周期とする改修工事を検討してほしいと思います。改修工事は単なる修繕工事とは異なり、新築時以上の付加価値をビルにもたらすために行います。実際に改修工事を行えば、ビルは間違いなく生まれ変わり、次の30年間も魅力的なビルであり続けます。

ただし、改修工事を行うときに何より考えてもらいたいことが「誰のために生まれ変わらせるのか」です。マーケティング用語でいうターゲット像、すなわち生まれ変わったビルにテナントとして入ってくれる人たちを、あらかじめ明確に定めておく必要があります。

誰を顧客として想定し、その顧客に対してどのような価値を提供するのか。改修戦略を考えるために、ぜひマーケティングの考え方を有効に活用してほしいと、そんな思いで本書をつづりました。

築30年のビルを改修して、さらに30年の間収益物件として維持し続ける。この間に減価償却を終えているので、築60年となった時点でも、再び改修工事に取り組んでみてほしいと思います。すると今のビルオーナーはいうまでもなく、その次の世代から、さらにその先の世代までが恩恵を受けられます。今あるビルは、それぐらいの価値を秘めているのです。まずは、その価値を再認識してほしいと切に願います。

本書をまとめた理由は、もう一つあります。

日本のビルの将来像を考えたときに、僭越《せんえつ》ではありますが、私と同じように顧客志向でビル改修を考える仲間を一人でも増やしたいと考えました。

せっかく建てたビルがむやみに建て替えられたりせず、長い間誰かの役に立ち続ける。そんな未来図を日本の都市に描きたいと思い、持てるノウハウはすべて本書に著しました。しかし、紙幅の関係で書ききれなかったこともありますし、皆さまが欲しい情報が本書になかったかもしれません。これらについては、ぜひお問い合わせください。

ビル改修についてのオーナーの意識が変わり、本書が、その一助になれば本望です。

最後に本書作成にあたり、弊社営業部長の星 巧視さんと工事部長の野口拓也さん、そして工事部の並木玲於さんに協力してもらいました。この場を借りてお礼を申し上げます。

最後までお読みいただきありがとうございました。

三浦一成（みうら いっせい）
サンウォール株式会社代表取締役
1991年生まれ 東京都文京区出身
駒澤大学卒業後、株式会社東急ホームズに入社。
同社で住宅・アパート営業に従事。
退社後、自動車輸出入会社を立ち上げる。
父親の病気をきっかけに家業であるサンウォール株式会社に入社。営業マン時代と自動車輸出入会社時代に培った経験とスキルから組織を刷新し、業績を伸ばすことに成功。同社が創業以来手掛けたビルは、1000棟を超える。「四方よし」の企業理念のもと、常に顧客（ビルオーナー&テナント）の視点に立ち、顧客メリットを追求し多くのビル改修に成功している。

本書についての
ご意見・ご感想はコチラ

ビルオーナーのための バリューアップビル改修

2024年5月30日　第1刷発行

著　者　　三浦一成
発行人　　久保田貴幸

発行元　　株式会社 幻冬舎メディアコンサルティング
〒151-0051　東京都渋谷区千駄ヶ谷4-9-7
電話　03-5411-6440（編集）

発売元　　株式会社 幻冬舎
〒151-0051　東京都渋谷区千駄ヶ谷4-9-7
電話　03-5411-6222（営業）

印刷・製本　中央精版印刷株式会社
装　丁　　加藤綾羽
装　画　　野口 萌

検印廃止

ISBN 978-4-344-94754-2 C0033
幻冬舎メディアコンサルティングＨＰ
https://www.gentosha-mc.com/